朝日新書
Asahi Shinsho 565

使える地政学

日本の大問題を読み解く

佐藤　優

朝日新聞出版

まえがき

去年（二〇一五年）あたりから、地政学がブームになっている。私が山内昌之氏（東京大学名誉教授）との共著で上梓した『第3次世界大戦の罠——新たな国際秩序と地政学を読み解く』（徳間書店、二〇一五年）、『新・地政学——「第三次世界大戦」を読み解く』（中公新書ラクレ、二〇一六年）も、地政学ブームに火を点ける上で、一定の役割を果たしたと編集者や書店員から言われる。

私の思考が地政学的だということに気付かせてくれたのは、山内氏だった。それは、一九八九年のモスクワでのことだ。当時、私は在ソ連邦日本国大使館三等書記官として、政務班で民族問題を担当していた。そのとき山内先生が、外務省からの委託研究で、ソ連の民族問題調査のためモスクワを訪れ、私が便宜供与（外務省の業界用語でアテンドのこと）を担当した。山内氏とロシア正教の修道院やイスラム教のモスク、さらに科学アカデミー民族学研究所を訪れた。

当時、ソ連の民族問題は、かなり深刻になっていたが、ゴルバチョフ・ソ連共産党書記長の指導力とKGB（ソ連国家保安委員会＝秘密警察）によって、ソ連当局は民族問題を封じ込めることが可能であるという見方がソ連を専門とする学者や外交官の共通見解だった。しかし、山内氏と私は、異なる見方をしていた。民族問題を原因としてソ連は解体するが、それは、いつ、どのような形になるかについて、モスクワで私たちは夜遅くまで話し合った。

沿バルト三国（リトアニア、ラトビア、エストニア）では、民主的手続きを踏まえた合法的異議申し立て運動でソ連解体が進むが、中央アジアやトランスコーカサスでは、民族紛争が流血を伴い、大混乱になるというのが二人の暫定的結論だった。さらに、東スラブ三民族（ロシア人、ベラルーシ人、ウクライナ人）の結束は維持されるが、ウクライナ西部ガリツィア地方のカトリック系で反ロ感情が強く、カナダのウクライナ系移民と結びついている人々が、今後、大混乱をもたらす危険があるという点でも二人の見解は一致した。

このとき山内氏が、ふと「佐藤さんは、地政学的なものの見方をしている」と言った。

当時、私は地政学については、ナチス・ドイツの公認イデオロギー程度の乱暴な認識しか持っていなかった。そこで、私は「なぜ、そのようにおっしゃるのですか」と尋ねた。

山内氏は、「佐藤さんは、ユーラシア主義に基づいて、ソ連の民族問題を観察しているでしょう。ユーラシア主義も地政学の一つですよ」と答えた。ユーラシア主義とは、「ロシアはヨーロッパとアジアの双方にまたがる独自の空間で、そこには固有の文化と歴史の発展法則がある」という考え方だ。そうなると、ロシア（ソ連）は、金髪碧眼でキリスト教徒（正教徒）のみの国家ではなく、チュルク（トルコ）、ペルシャ系のイスラム教徒、モンゴル系のチベット仏教徒、シベリア諸民族のシャーマニズム信者、北極圏諸民族のアニミズム信者などを包摂する地理（空間）を基盤とする国家ということになる。

地理的要因は時間を経ても変化しにくい。この地理的要因を基本に、政治、経済、軍事、文化などの諸要因を加味して情勢を分析するのが地政学的な見方なのである。

イデオロギーが人間を強く突き動かしているときは、地政学的要因は後景に退く。しかし、地政学的要因が消え去ってしまうことはない。私が山内氏と一九八九年に意見交換をしたときは、ソ連の公認イデオロギーであった科学的共産主義（マルクス・レーニン主義）が、生命力を最終的に喪失する過程が始まっていた。それだから、後景に退いていた地政学的要因が、可視化され始めていたのである。しかし、多くの人々は、ソ連の公式イデオロギーが生きているという幻影に囚われていたので、目の前にある地政学的現実が見えなかったのだ。

ソ連崩壊後、世界を覆ったのは、新自由主義という普遍主義的イデオロギーだ。このイデオロギーも、二〇一〇年頃からは、生命力を失い、急速に衰退している。そのような状況で地政学的要因が浮上するのは、当然の成り行きなのである。

本書を上梓するにあたっては、地政学の理論と地政学に基づいた現状分析のどちらを全面に打ち出すかについて、相当、悩んだ末に現状分析を優先することにした。「現状をこう読み解く」というアプローチで、まず、読者に「地政学の思考」を体験していただいた方が、一見、抽象的で、実証性を欠いた物語のように見える地政学理論に対する関心を向けていただくのにも適切であると考えたからだ。

地政学は「知識のための知識」「情報のための情報」「分析のための分析」という発想を忌避する。「真理は常に具体的である」というのが、地政学者の共通了解だ。

使える地政学

日本の大問題を読み解く

目次

第三章　「パナマ文書」と地政学　73

第四章　ネット空間と地政学　97

地図製作　谷口正孝

第一章

私と地政学の出会い

出来事のクロノロジー

個人的な体験から話をはじめたい。

一九八七年初秋、私は、英国での語学研修を終え、さらにモスクワで研修を受けるため日本大使館に三等理事官として配置された。ソ連崩壊の足音が聞こえはじめた頃である。八八年六月に正式に大使館勤務となり、新人としての仕事は、主に雑用係と翻訳の下請けだった。大使館勤務の外交官が嫌がる仕事がいくつかある。そのひとつが、新聞や雑誌の整理で、それも私が担当した。私には楽しい仕事だった。

大使館ではソ連を構成する十五共和国の新聞をすべてとって二年程度棚に置いて保存していた。

当時、ソ連共産党中央委員会機関紙「プラウダ」は朝配達され、ソ連政府機関紙「イズベスチヤ」は夕方配達された。

当時、ミハイル・ゴルバチョフ・ソ連共産党書記長が「グラスノスチ」（情報公開）を進め、「『プラウダ』に真実なし。『イズベスチヤ』にニュースなし」と言われていた時代は終わりを告げ、新聞が面白くなっていたのだ。

しかし、それでも報道には大きなタブーが二つあった。一つは、共産党一党独裁体制に対する疑念を表明すること。二つ目は、現下、ソ連において深刻な民族問題が発生しているという事実を報道することだった。

民族問題の報道に関するタブーがほころびはじめたのは早かった。私が赴任する前から、カスピ海と黒海に挟まれたトランスコーカサス南部の、アゼルバイジャン共和国の首都バクーに近いスムガイト市で、アルメニア人がアゼルバイジャン人に襲撃され、死者三十二人、負傷者は百九十七人に達する事件が起きていた。

ある日、新聞を整理していると、アゼルバイジャン共和国の新聞「バクーの労働者」とアルメニア共和国の新聞「コムニスト」が、同じ共産党機関紙であるにもかかわらず、お互いを激しく非難していることに気づいた。そこで主要記事をメモにまとめ、出来事に関するクロノロジー（時系列表）をつけはじめた。

宗教的、民族的に重要な土地

アゼルバイジャン共和国とアルメニア共和国が位置するトランスコーカサスは、古来、さまざまな言語、文化、宗教をもった民族が複雑に入り組んで暮らしてきた。

バルト海
フィンランド
バレンツ海
ポーランド
ベラルーシ
リトアニア
エストニア
ラトビア
モルトヴァ
モスクワ
ウクライナ
ロシア連邦
カリーニングラード州
（ロシア連邦の飛び地）
黒海
ジョージア
（グルジア）
アルメニア
カスピ海
カザフスタン
アラル海
アゼルバイジャン
トルクメニスタン
ウズベキスタン
キルギスタン
タジキスタン
イラン
アフガニスタン

ロシア、中央アジア地図

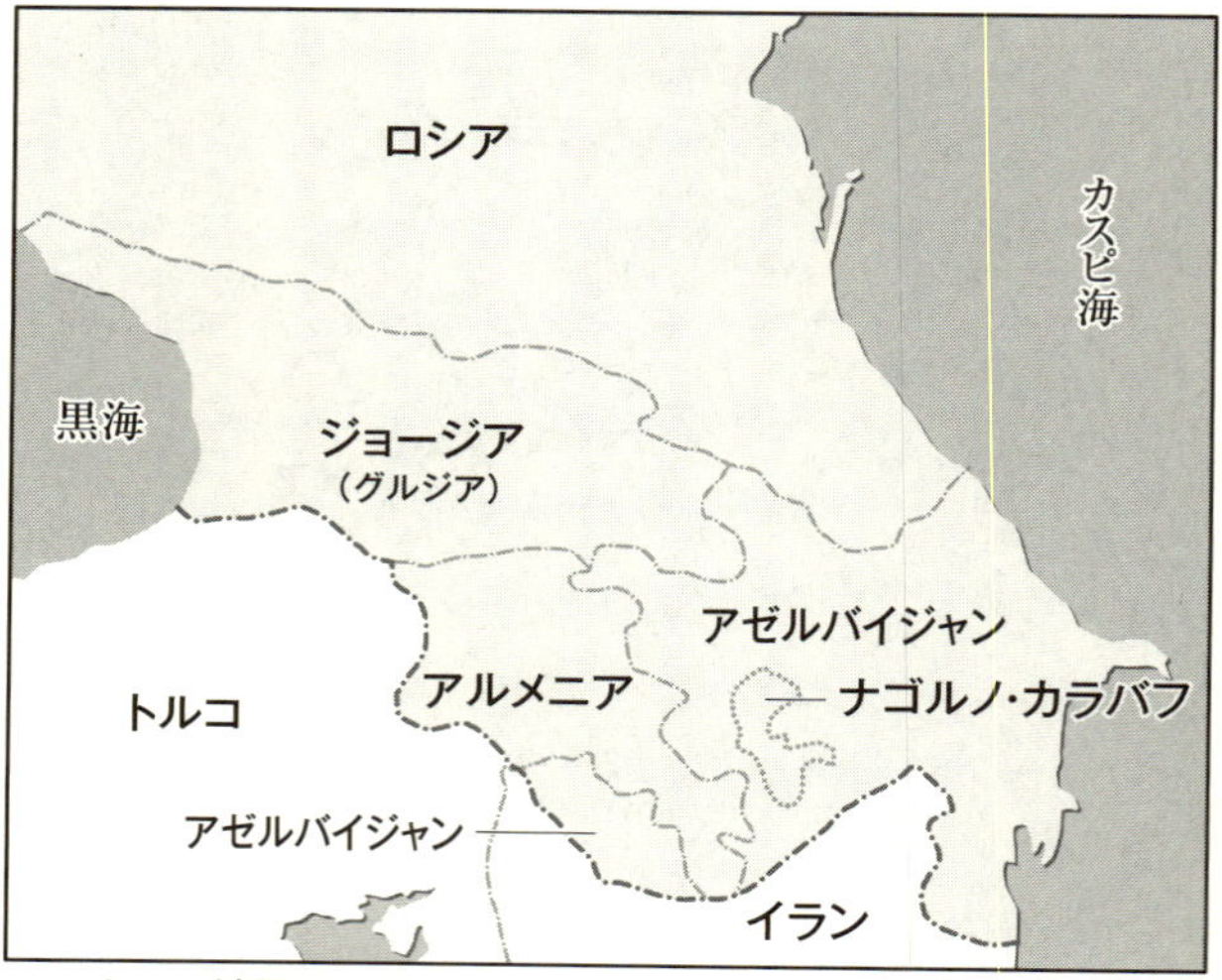
ロシア
カスピ海
黒海
ジョージア
（グルジア）
アゼルバイジャン
トルコ
アルメニア
ナゴルノ・カラバフ
アゼルバイジャン
イラン
コーカサス地図

アゼルバイジャンはトランスコーカサス南部、カスピ海に面した共和国。一九三六年、アゼルバイジャン・ソビエト社会主義共和国としてソ連邦に加盟した。アゼルバイジャン人が約九〇%を占める。宗教はイスラム教シーア派が優勢である。

その西隣がアルメニアだ。一九三六年、アルメニア・ソビエト社会主義共和国としてソ連邦に加盟した。アルメニア系が約九七%。宗教はキリスト教（キリストには神性のみが存在すると主張する、かつては単性論派と呼ばれたグレゴリウス派が圧倒的に多い）。

両国が対立する原因は、アゼルバイジャン共和国の中にある自治州、ナゴルノ・カラバフをめぐるものだった。当時、ナゴルノ・カラバフには、自治州の人口の約七割を占めるアルメニア人が暮らしていた。歴史的にもキリスト教徒のアルメニア人が住んでいた地であり、十八世紀頃からイスラム教国であるオスマン・トルコの侵入を防いでいた。ナゴルノ・カラバフは、アルメニア人にとって、宗教的、民族的に重要な土地だったのだ。とはいえ、ナゴルノ・カラバフは、アルメニア共和国の飛び地ではないため、管轄権は及んでいなかった。

そんな土地がアゼルバイジャン領の中にある理由は、第一次世界大戦後の国際情勢が大きく関係する。諸説あるが、私は、アゼルバイジャンの中にあるバクー油田、オスマン・

トルコ解体を睨んだイギリスやアメリカの利害、それからトルコナショナリズムの高揚、主にこの三つの要素を考慮して、レーニンとスターリンが歴史的経緯、民族、宗教の違いを無視して、ナゴルノ・カラバフをアゼルバイジャン領にしたと考えている。

つまり、アゼルバイジャンを大国にしたほうが、他国の口出しや、トランスコーカサス地方における民族運動の高揚を抑えられると睨んだのだろう。

民族問題の担当官になった日

それから約七十年。ゴルバチョフがペレストロイカ（立て直し）に着手した。いままで抑えこまれていた各国の民族意識が高まり、バルト海沿岸の三国が独立へ向けて動き始めた。そのうねりは、南のトランスコーカサスにも及んだ。一九八七年、アルメニア共和国の首都エレバンでナゴルノ・カラバフの自国への帰属を求める集会が開かれ、翌八八年には、ナゴルノ・カラバフに住むアルメニア人がアルメニア共和国への帰属替えを求めた。

それに反発したアゼルバイジャン人が各地でアルメニア人を襲撃。ソ連軍が介入してバクーを制圧する事態になったが、両者の紛争はエスカレートし、内乱が勃発した。九四年に停戦協定が結ばれるまでに数万人の犠牲者が出た。

一九八九年二月まで時間を戻す。

事態が深刻化したナゴルノ・カラバフをソ連が事実上の直轄地にした。より上位の力によって抑えられたわけだから事態は沈静化に向かうと考えるのが合理的だが、私はこれまでに整理していた新聞記事やメモに基づき、ソ連による直轄管理が、ソ連南部の安全保障をさらに危うくする深刻な民族問題を招いているという見解を、大使館の上司に披露した。この日から、私は民族問題の担当官になった。

私は、新聞という公開情報を整理し、時系列順に並べ、それぞれが置かれた地理的条件、民族性、歴史、宗教の違いなどの諸要素を考慮して、情報をつなげ替え、何が起きているのか、何が起ころうとしているのか、自分なりの仮説を立てていた。いつの間にか、地政学的な思考をしていたのだ。

外交官時代を通じて、私はソ連・ロシアで起きたさまざまな民族問題についての情報を収集し、分析した。そしていま、民族とはサラダボウルに入ったいろいろな野菜のようなものだと思う。種類の違う野菜はボウルの中でごちゃ混ぜになっても決して融け合うことはない。民族もそれと同じなのではないかと。

旧ユーゴ紛争でもそうだが、昨日まで隣同士に暮らしていた者たちが、民族が違うという理由で、今日は殺し合いをするものだ。

自給自足に必要な領土

地政学とはなんだろう。まずは、次のように理解しておいてほしい。

学問形態としては、二十世紀初めにあらわれた政治学、あるいは国家学。地理的諸条件から国家や民族の特質を説明しようとする学問。マクロの視点、言いかえれば大所高所から国家間の関係を捉える場合が多い。

ほかにも、国家が膨張政策をとるときの正当性を地政学で説明する。あるいは他国の脅威から自国を守るための安全保障政策を合理化するためにも地政学は使われている。

ナチス・ドイツ関連の本を読んだことのある人ならば、生存圏（レーベンスラウム）という言葉を目にしたことがあるはずだ。これも地政学の考え方で、国家が自給自足を行うために必要な政治的支配の及ぶ領土のことをいう。ナチス・ドイツの侵略行為の理論的支柱になった。

ゲルマン民族の生存のためには、東方、ウクライナの穀倉地帯やカスピ海沿岸の油田の確保が必要だというのが、ナチス・ドイツが対ソ戦を合理化したときの基本概念だ。

戦前の日本でも、一九三一年、のちに外相になる松岡洋右《ようすけ》が「満蒙は日本の生命線」と唱え、広く人口に膾炙《かいしゃ》した。生存圏という考えに通じることがわかるだろう。満州という生命線を守るため、三九年、モンゴル人の民族意識の高揚を利用して、関東軍が満州の外縁に蒙古連合自治政府を成立させた。日本の傀儡《かいらい》政権である。

当時「南洋は海の生命線」という言い方もあった。日本の委任統治下にあった南洋諸島を撮影した『海の生命線』という映画も製作されている。日本という本国を守るために、外縁部を膨張させていく。

「満蒙は日本の生命線」「南洋は海の生命線」、いずれも地政学的な思考がよくわかる言葉だ。

地政学は、ナチス・ドイツの拡張イデオロギーであり、戦前戦中の戦争遂行を正当化する理論として使われたという事情もあって、戦後、日本では、地政学の研究を避ける傾向にあった。

しかし外交官時代、そして現在も、私が国際情勢について自分なりの見立てを行う時に、地政学的な思考は役に立つ。単純に地図とにらめっこして彼我《ひが》のパワーバランスを考え、国際社会の動向を見立てるというものではないからだ。およそ人間の営みならばどのようなものでも地政学と関係する。いったん、さまざまな要素を「土地と人」に背負わせ、それらの要素を取捨選択して見取り図を頭に描いていく。

地政学的に考えようと意識することはない。自分の思考の引き出しの中にある道具として血肉化しているといってもいい。

マッキンダーの地政学

現在、世界で最も地政学を外交や内政に活用している国はどこだろう。

答えは、プーチン大統領が率いるロシアである。情報機関（KGB＝ソビエト連邦国家保安委員会）出身ということもあるのだろう。ロシアは地政学を現実の国際政治の現場に適用するのがうまい。

地政学の基本を知るには、英国の地理学者であるH・J・マッキンダー（一八六一〜一九四七）の『マッキンダーの地政学　デモクラシーの理想と現実』（曽村保信訳）と、アメリカの海軍士官アルフレッド・T・マハン（一八四〇〜一九一四）の『マハン海上権力史論』（北村謙一訳）をすすめる。

どちらも時代背景や交通、通信技術などが現代とかけ離れていること、当時の世界情勢の知識が不足していると理解しづらいところがあるが、時間が許せば読んでほしい著作だ。本書では、折に触れ、マッキンダーの地政学的思考を紹介したい。

プーチンの考え方

いまの世界情勢を見たとき、地政学的な思考を身につけるのに最適の教師がいる。先に述べたプーチン大統領だ。ウクライナ問題についての発言や政策を見てみる。

〈ロシアのプーチン大統領は26日放映されたテレビ番組で「ロシアのような国には自国の地政学的な利益があることを、他の国々は理解しなければならない」と述べた。ウクライナなどロシア周辺国が欧州連合（EU）や北大西洋条約機構（NATO）に接近することに反対するロシアの立場を尊重するよう、欧米に求める趣旨の発言だ。

プーチン氏は「（ロシアと他国は）互いを尊重し、バランスを取り、互いに受け入れ可能な解決策を見つける必要がある」と強調。その上で「KGB（旧ソ連国家保安委員会）に20年勤めた私は、共産党の一党独裁が崩れればすべてが根本的に変わると思っていた。しかし、何も変わらなかった。なぜなら、地政学的な問題は、イデオロギーとは何の関係もないからだ」と指摘し、ソ連と西側諸国が欧州の勢力範囲を分け合った冷戦時の世界秩序の復活を望むかのような考えを示した〉

（朝日新聞、二〇一五年四月二十八日）

まず、この発言の背景をおさえておこう。

二〇一四年二月、ウクライナにおいて親ロシア政権が転覆し、親EU政権が誕生した。この事態について、ロシアは「欧米が扇動した」と反発。間髪を容れず、ロシア系住民が過半数を占めるウクライナのクリミア自治共和国を「住民投票」という、形式的には「民主的な手続き」を経て、ロシアに編入した。

私はこのニュースを知り、プーチンの演説の全文を読んだときにひどく驚いた。その演説を紹介する。

〈今日、われわれは、われら全員にとって死活的に重要な意味と歴史的意義を持つ問題に関連して集まった。16日、クリミアで住民投票が行われた。それは民主主義的手続きと、国際法規範に完全に従って行われた。投票には82％以上が参加した。96％以上がロ

シアとの統合に賛成した。この数字はきわめて説得的である〉

〈ロシア国営ラジオ公式サイト「ロシアの声」。現・「スプートニク」〉

ところで、今回の住民投票、それに先立つクリミア自治共和国の「独立」宣言は、ロシア軍と見られる武装した「自警団」が存在する下で行われた。他国の軍隊の圧力下で行われた住民投票で、民意が表明されたとは言えない。この点について、プーチンはクリミアにロシア軍がいたことは認める。ただし、それはクリミアにロシアのセバストポリ軍港が所在する関係で、ロシア・ウクライナ間の国際協定によって認められた軍なので問題はないと強弁する。

しかし、駐留ロシア軍には政治的中立性が求められている。ロシア軍による「自警団」に対する支援、ウクライナ軍に対する圧力は、政治的性格を帯びているので、プーチンの説明は国際的に通用しない。

プーチンは、クリミアを併合することによってロシアに対する国際的非難が強まることは十分自覚している。その上でこう述べる。

〈ヒステリーをやめ、「冷戦」のレトリックを拒否し、明白な事実を承認する必要がある。ロシアは、国際関係の自立した、積極的な参加者だ。他の諸国と同様にロシアには、考慮せねばならず、尊重しなければならない国益がある〉（同前）

黒海に臨むクリミアのセバストポリにはロシアの海軍基地がある。セバストポリを出港したロシア海軍の艦船が、黒海を横断し、ボスポラス海峡を経てマルマラ海へ、ダーダネルス海峡を通過して、地中海へと至る。

この地を失うことは、地中海を往来する航路を失うことになる。地中海でＮＡＴＯ軍と制海権を争うことができなくなると、対ＥＵ戦略上、極めて不利な立場に追い込まれる。したがってクリミアはロシアにとって死活的に重要な地なのだ。

それを前提にしてなお、クリミア併合は、プーチンによる事実上の帝国主義宣言だと、私には思えた。だから驚愕したのだ。

どの選択肢を採用するか

ロシアによるクリミア併合から間もなく、ウクライナ東部で親ロシア派武装組織とウクライナ軍の戦闘が始まり泥沼化した。九月に停戦合意がなされたが、武力衝突は止むことがなく、二〇一五年二月に改めて停戦合意した。

プーチン大統領の発言で注目したいのは、先の朝日新聞記事に紹介された後半の発言だ。「共産党の一党独裁が崩れればすべてが根本的に変わると思っていた。しかし、何も変わらなかった。なぜなら、地政学的な問題は、イデオロギーとは何の関係もないからだ」

この言葉で、地政学の基本がおさえられる。マッキンダーが書いた次の一文と一致する。

〈われわれの記録に残る人類の歴史がはじまってから、これでほぼ千年になる。が、この間に、地球上の重要な地形はほとんど変化していない〉

（H・J・マッキンダー『マッキンダーの地政学』）

ゆえに、国家の振る舞いは地理的諸条件に制約される。それはイデオロギーに先行する。つまり、地理的諸条件にもとづいて導かれた選択肢の中から、国家は最も利益にかなう行動を選ぶことになるのだ。

東欧の民主化と権力の空白

ソ連が崩壊し、国際社会に対する共産主義イデオロギーは有効性を失った。民主主義の勝利であり、今後、これ以上の政治体制は現れないだろうという意味で「歴史の終わり」(フランシス・フクヤマ)とも言われた。

東西冷戦時代、東側の「極」ソ連と、西側の東端・西ドイツの間には、共産化された東欧諸国が分厚い防護壁のように南北に伸びていた(ソ連を盟主とするワルシャワ条約機構)。しかし、一九八〇年代末から東欧の社会主義政権が崩壊しはじめ、冷戦構造が終結する。

東欧諸国が民主化したという言い方があるが、実態は権力の空白が生じたと言ってもいいだろう。生まれたばかりの民主主義的な政権には独り立ちして歩くまでに時間がかかる。

一九九九年、アメリカを盟主とする軍事同盟・北大西洋条約機構(NATO)に、ポーランド、チェコ、ハンガリーが加盟。二〇〇四年にはバルト三国やルーマニア、スロベニアなどが加わり、二〇〇九年にはアルバニアとクロアチアも仲間入りした。

NATOの東方拡大である。ソ連が退場した後の東欧という「権力の空き地」をNATOが埋めたのだ。ロシアとNATO勢力を隔てるものは、ウクライナとベラルーシだけである。壁がずいぶん薄くなった。北はNATO加盟国であるエストニアとラトビア、ポーランドと直接国境を接することになった。

NATOは同盟国間で集団的自衛権を行使する軍事同盟である。ロシアの立場で見れば、こちらが共産主義イデオロギーを放棄して、国を立て直している間に、昔の所有地だとはいえ、人の庭に武器を持って入り込んで、お前らなんのつもりだと言いたいのだろう。

そのあたりの思いが「共産党の一党独裁が崩れればすべてが根本的に変わると思っていた」という発言に滲んでいる。ロシアは変わったのに、西欧は「何も変わらなかった」。なぜなら、「地政学的な問題は、イデオロギーとは何の関係もない」からだ。

だから、ウクライナに対してロシアも口出しする権利はあるし、そもそも、いまウクライナで起きている武力衝突は、親欧米派の政権と親ロシア派の武装民兵という構図ではない。

プーチン大統領の語り口からは、EUとロシアの対立というふうに構図を描ける。

ドイツとロシアの衝突ゾーン

フランスの歴史人口学者エマニュエル・トッドの意見は少し違うようだ。ロシアと対峙しているのはEUではなくドイツだという。フランス人であるトッドは、EUにおけるドイツの振る舞いを警戒している。自身の著書『「ドイツ帝国」が世界を破滅させる』（堀茂樹訳）の中で、EUの支配者のごとく行動するドイツのことを「ドイツ帝国」と表現している。

〈近年「西側」のメディアはあたかも一九五六年頃、つまり熱くなりかねない冷戦の最中に戻ったかのような様相を呈しているが、その譫言に引きずられず、発生している現象の地理的現実を観察するならば、ごく単純に、紛争が起こっているのは昔からドイツとロシアが衝突してきたゾーンだということに気づく〉

（エマニュエル・トッド『「ドイツ帝国」が世界を破滅させる』）

「ドイツとロシアが衝突したゾーン」とは、もちろんウクライナのことで、直近で言えば、第二次世界大戦における独ソ戦のことを指しているのだ。一九四一年、ドイツ軍がソ連領に侵攻、ウクライナにも進軍してきた。ソ連の圧政に怯《おび》えていたウクライナ人のなかにはドイツ軍を解放者として歓迎した者も少なくない。

一方でソ連兵としてドイツ軍と戦ったウクライナ人も多数いた。ウクライナは独ソ戦のなかでも最も激戦が繰り広げられた地だった。

お互いのパワーの中心からほどよい距離に、自国民を養えるだけの実りをもたらす地、つまり「生存圏」があった。しかも、お互いの国の安全を保障する緩衝《かんしょう》地帯にもなる。

「共産党の一党独裁が崩れればすべてが根本的に変わると思って」（プーチン）いても、東西の大国に挟まれている地理的条件があるゆえに、いつまでたっても紛争の火種を抱え続け、何かの作用で引き金が引かれると、暴発してしまう。

イデオロギーと無関係

他国の領土へ進出、あるいは侵略する際、国家は、それらしい修飾語をつけて自らの行為を正しいものとして語る。後世の歴史家、政治家、言論人も、それぞれの立場で、それらしい理由をつけて合理化しようとする。あるいは否定しようとする。

地政学が教えてくれるのは、そうした修飾を捨て、「地理／土地」と「国家／人」との関係性を基本に、二国間関係、あるいは多国間関係を考えると、人間集団の「欲望」がどこに向かい、その結果、なにが起きるか／起きたのか、がわかるということである。

地政学という学問について語られるとき、民族や宗教、歴史、文化など、およそ人間活動にまつわることを考慮に入れて考えなければならないとされる。

それは嘘ではない。私もまず、そのように考える。ただし、加味して考える必要がある。そうした諸要素がどのような意味を持つのかを見極めたうえで、それらの要素を「地理／土地」と「国家／人」から引き剝がし、「地理／国家」というシンプルな形に戻して考察をする。

したがって、「地政学的な問題は、イデオロギーとは何の関係もないからだ」というプーチンの言葉は、地政学の本質を見事に言い当てていると思う。

マッキンダーも、先に紹介した文章に続けて、次の一文を綴っている。

〈陸地と海洋の大まかな輪郭や、おもな山や川の所在地——またその形状などは、細部の変化を除けば、すべて不変のままである。とはいうものの、地理的な諸条件が人間の行動にあたえた影響の度合いは、現にわれわれが見るがままの事実——あるいはわれわれが過去においてそうであったとみとめる事実——によるよりも、むしろ人びとが事実について行なった想像にもとづくところがはるかに大きかった〉

（『マッキンダーの地政学』）

「人びとが事実について行なった想像」というフレーズに注目してほしい。人は物語をつくる生き物だ。たとえば、ある民族の「父祖伝来の地」があったとしよう。その民族にとって「父祖」とはどこまで遡《さかのぼ》るものなのか。その民族が「父祖」だと信じている人々からの「伝来の地」は、異民族支配を受け続けてきたのか。それとも守り続けてきたのか。「地」に込める思いは異なるだろう。

たとえば、チェコのヴルタヴァ川（独・モルダウ川）。十九世紀、チェコの作曲家スメタナがつくった組曲『我が祖国』のヴルタヴァ川をモチーフにしたメロディーはあまりに有名だ。

この曲が作曲された当時、中欧の支配者オーストリア帝国とそれまで被支配の立場にあったハンガリーが同格となり、オーストリア＝ハンガリー帝国が成立した。それに触発され、オーストリアに支配されていたチェコ人の間で独立を目指した民族主義が高揚した。ヴルタヴァ川をチェコ人たちはどのような思いで見ていたことだろう。

「人びとが事実について行なった想像」とは、そういうことだと思う。

民族意識との関係

私自身の経験も述べてみよう。ナゴルノ・カラバフ紛争に関連した話だ。

先ほどの話では、アルメニア人が被害者でアゼルバイジャン人が悪者のような構図になるが、アゼルバイジャン人の立場に立つと、風景が変わる。

アゼルバイジャン側の情報が乏しいため、私はモスクワにあるアゼルバイジャン常設代表部（現・大使館）を訪ねた。代表部メンバーと話していて驚いたのは、自らをアゼルバイジャン人（アゼリ人）と称するようになったのは、二十世紀に入ってからのことだと言う。

それまでは「人間」と称していたというのだ。「人間」にはキリスト教徒とイスラム教徒がいる。そんな感覚だった。他の民族のことも「人間」だと考えていた。

その後、関連する文献を可能な限り読んでみてわかったのは、アゼルバイジャン人は友愛の精神に富み、あまり威張らなかった。豊かな土地に住んでいたこともあって、強権的な王朝が発達しなかったことも、民族意識の形成が遅れた原因の一つだろう。

実を言えば、ナゴルノ・カラバフにおいて、アゼルバイジャン人なのか、アルメニア人なのかという議論はあまり意味がない。

アゼルバイジャン人と呼ばれる人々には三つのルーツがある。ひとつは、セルジューク・トルコ系の遊牧民。二番目がペルシャ系。一五〇一年、サファヴィー朝ペルシャが現在のイランからアゼルバイジャンにかけて成立する。イスラム教シーア派を国教にし、建国の中心になった。

三番目が古代コーカサス・アルバニア王国を起源にもつ中世アルバニア人。このアルバニア人（バルカン半島のアルバニア人とは別）が問題なのだ。アルバニア人は正統派（カルケドン派）キリスト教徒だった。コーカサス・アルバニア王国は四世紀頃に滅亡し、アルバニア人は徐々にアイデンティティーを失いはじめ、十九世紀には完全に喪失してしまう。

そのアルバニア人のうち、イスラム教シーア派を信仰する者は自分をアゼルバイジャン人だと考えるようになった。

一方、グレゴリウス派のキリスト教徒は自分たちをアルメニア人だと考えるようになった。その過程でそれぞれ「固有」の「民族」神話を作り上げた。民族の違いを議論しても意味がないと述べたのは、このような歴史的経緯があるからだ。

しかし、この歴史が紛争の根源になった。

軍事による解決

実は民族そのものが争点の中心になることは少ない。紛争の最大の要因は、経済的な問題だ。経済的な不公平感が結果として、民族意識を高揚させていく。図式化すれば、アゼルバイジャンの版図では自分をアゼルバイジャン人だと思っている者が経済的に優遇され、アルメニア人は冷遇される。

また、アゼルバイジャンに住むアルメニア人は同化を強制されていたから、ナゴルノ・カラバフのアルメニア人が、同胞の住むアルメニア共和国への帰属を求めたのも当然の成り行きだった。

他の要因としては、ソ連との力関係があげられる。アゼルバイジャンはソ連の政策に従って工業化を進めたが計画経済のシステムがうまく機能しなくなった。その矛盾がアゼルバイジャンのような社会的に弱い部分に凝縮されていった。その不満をソ連に対してうまく言語化できず、矛先がアルメニア人に向かっていったのだ。

九四年、ナゴルノ・カラバフ紛争は解決した。軍事力に勝るアルメニアによって、ナゴルノ・カラバフからアゼルバイジャン人がいなくなったのだ。民族問題はエスニッククレンジング（民族浄化）では解決しないと言われるが、それは嘘だ。民族問題はたいていの場合、民族浄化か暴力によって解決されるものなのだ。

地政学の思考に基づいて「民族」の物語を引き剝がせば、紛争の構図が見えてくる。しかし、それはいまここで述べたように、第三者にとって有効な思考法であって、渦中にある当事者にとって「民族」神話は手放すことができない。

こうした点から、地政学は乾いた学問だと言えるだろう。マクロの視点で考える場合が多いという理由が、ここからも見えてこよう。

第二章　ロシアと中東をめぐる勢力図

エネルギー供給のハブ

この章では、地政学にかけて先を行くロシアについてさらに詳しく述べたい。再び登場するのはプーチン大統領だ。

二〇一五年四月、財政難にあえぐギリシャのチプラス首相がロシアを訪問。プーチン大統領、メドベージェフ首相と相次いで会談を行った。

〈ロシア側はチプラス首相との一連の会談で、ロシアからトルコを経由して欧州南部に天然ガスを輸出する新しいパイプライン構想「トルコ・ストリーム」を説明し、協力を促した。

ロシアは昨年まで、黒海海底を経由して中東欧にガスを流すパイプライン計画「サウス・ストリーム」を進めようとしていた。これがEUの反対で頓挫した後、昨年12月に急浮上した新パイプライン計画だ。

プーチン大統領は会談後の記者会見で、新パイプライン計画について「ギリシャの地政学的重要性を増すことになる。南欧全域だけでなく、中欧への天然ガスの経由地にな

り得る。ガスの通過料金だけで、年間数億ユーロの収入が見込まれる」と述べた〉

〈朝日新聞デジタル、二〇一五年四月十日〉

プーチン大統領は、「ギリシャの地政学的重要性を増すことになる」と言う。つまり、ギリシャ国内のエネルギー需要を満たすだけではなく、ギリシャが、バルカン半島や東欧諸国へのガスエネルギー供給のハブになるのだ。

ロシアからのパイプラインがやってくるだけで、EUにおけるギリシャの存在感が増す。EUとしてはロシアへのエネルギー依存から脱却を図るべく「エネルギー同盟」を構想していたところで、ギリシャへのパイプライン計画が実現すれば、EU内部の結束にひびが入るおそれがある。

ロシアにとって、ギリシャは地政学的に有益であり、EUにとっては地政学的リスクになる。

ヨーロッパ諸国にとって、ギリシャは欧州文明誕生の地。歴史的には、ゲルマン人もフランク人も古代ギリシャ人とは何の関係もない。ゲルマン人は先史時代、バルト海沿岸に住んでいて、農耕や狩猟など生活圏の拡大に伴い、南下してライン川とドナウ川に挟まれた地域に「生存圏」を求めて移動したのだ。やがて自分たちの精神上のルーツを古代ギリシャに接続させてアイデンティティーを形成したに過ぎない。ギリシャとは、そのような自分たちの神話（アイデンティティー）を支える地でもあるのだ。

しかし、現実には、ギリシャは事実上の財政破綻国家である。EU諸国は、ギリシャがまとうアウラゆえに、冷たく突き放して破綻に追い込むわけにはいかない。そこで救済のスキームをあれこれ考えた。

一方、ロシアにはギリシャの歴史など無関係だ。財政破綻国家が飛びつきそうな「エサ」を投げ与え、それによって、東方拡大する、ウクライナに関して口出しする。目障りなEUが弱体化してくれれば「ラッキー」という乾いた論理で攻めてきた。

物語性を排除したプーチン大統領の地政学的思考の面目躍如である。

ただし、クリミア併合の際は、それらしい理由をつけたわけだから、自分のことは棚に上げて、という留保はつけなければならない。

フセイン政権崩壊後のイラク

次に、シリア内戦とロシアの関わりについて考えてみよう。

最初に内戦の簡単な見取り図を示しておく。シリア内戦は二〇一一年、「アラブの春」がきっかけになったが、争いの構造は、イスラム教の内紛だと考えたほうがわかりやすい。

シリアを支配していたのは、アサド大統領を中心とするイスラム教シーア派系土着宗教のアラウィ派を信じる特定部族だった。シリア国内では約一三％の少数派だ。数十％のキリスト教徒を除き、国民のほとんどがスンナ派のイスラム教徒である。

争いの原因は、ナゴルノ・カラバフ紛争について述べたように、経済格差にある。シリア国内では少数派のアサド大統領一派が富を独占し、多数派であるスンナ派国民は貧困に苦しんできた。その不満が「アラブの春」を契機に噴出、内戦に至ったのだ。国内には権力の空白地帯が生まれた。

隣国イラクも、フセイン政権が崩壊して以来、求心力のある政権が誕生せず、事実上の破綻国家で、やはり権力の空白地帯が生じた。「権力は真空を嫌う」という言葉通り、シリアとイラクにまたがる空白地帯を埋めたのが、イスラム教スンナ派過激組織だった。二〇一四年六月にはイラク第二の都市モスルを制圧。その後、首都バグダッドにも迫った。点ではなく面を押さえ、六月二十九日、「イスラム国」（ＩＳ）を名乗った。シリアにおいても無視できない武装勢力となって、事態はますます混迷し、外部からは何が起きているかわかりづらくなった。

イスラム教の誕生

後で触れるが、現代の国際情勢を地政学的に捉えるときに欠かせないのが、非国家的な組織だ。多国籍企業やグローバルな金融機関、国際NGOなどがそれに該当するが、ISもまた、国際社会の承認を受けていない非国家的な組織だと言える。イスラム革命を目指す組織であり、「民族」が誕生する際の神話との類比で捉えると興味深い。

まず、イスラム教の誕生を押さえておこう。ここでは、イスラム教の祖ムハンマドが四十歳の頃、神の啓示を受けたことよりも、六一〇年、ムハンマドが、アラビア半島の貿易・商業都市メッカからメディナに移り、この地でウンマ（イスラム共同体）が誕生したことを重視したい。というのも、ウンマは宗教的であると同時に政治的な共同体でもあったからだ。

ウンマは、ムハンマドを中心に、ムスリム（イスラム教徒）の団結によって発展した。六三二年、ムハンマドが没した後、アブー・バクルがウンマの長に選ばれた。そのときに「神の使徒（ムハンマド）の後継者」を意味する「カリフ」を名乗った。イスラム社会の宗教的・政治的最高指導者の誕生だった。

カリフとIS

アブー・バクルの死後三代のカリフを経て、ウンマは分裂する。その原因はムハンマドの正統な後継者は誰かという問題だった。ムハンマドの死後四代のカリフに正統性を認めたのがスンナ派で、第四代カリフのアリーの子孫に正統性を認めたのがシーア派だ。

イスラム人口の約九割がスンナ派で、一割がシーア派だと推定されている。

その後、イスラム帝国の歴代王朝の王がカリフと認められてきたが、オスマン・トルコのアブデュルメジト二世（カリフ継承期間一九二二～二四）を最後に絶えている。

自称カリフもそれなりにいて、近いところでは、トルコからドイツに逃れたイスラム教指導者ジェマレッティン・カプランが一九九四年から九五年まで、カリフを自称していた。

ISも、カリフに目をつけた。「イスラム国」を名乗った同じ日、その指導者アブー・バクル・アル＝バグダディがカリフを名乗ったのだ。つまりこの宣言は、バグダディが、イスラム社会の宗教的・政治的最高指導者だと主張していることを意味し、実際、全世界のイスラム教徒にISに対する忠誠を求めた。

その宣言を広めるのに大きな力を発揮したのが、インターネットである。地理的制約を難なく超え、全世界のイスラム教徒にメッセージを発することができた。ISに忠誠を誓う中東以外のイスラム教武装組織も出てきた。

組織だけではなく、欧米各国で生まれ育ったイスラム教徒個人が、ISの支援を受けたと思われるテロを起こすようになった。パリの同時多発テロ事件（二〇一五年）、ボストン・マラソンを狙った爆破事件（二〇一三年）がそうだ。

このような事態になると、地政学的リスクを特定の一点に求めることが難しくなる。

サイクス・ピコ協定が生んだ混沌

ISに関してもう一点、付け加えておこう。日本の多くの政治家や有識者が、国際社会の秩序に混乱をもたらしている原因をISに求めているが、これは見当違いだ。ISは原因ではなく結果である。

では、何が原因かというと、第一次世界大戦中のサイクス・ピコ秘密協定（一九一六年）にある。

これは、イギリス、フランス、ロシアの三国が、第一世界大戦終結後のオスマン帝国の

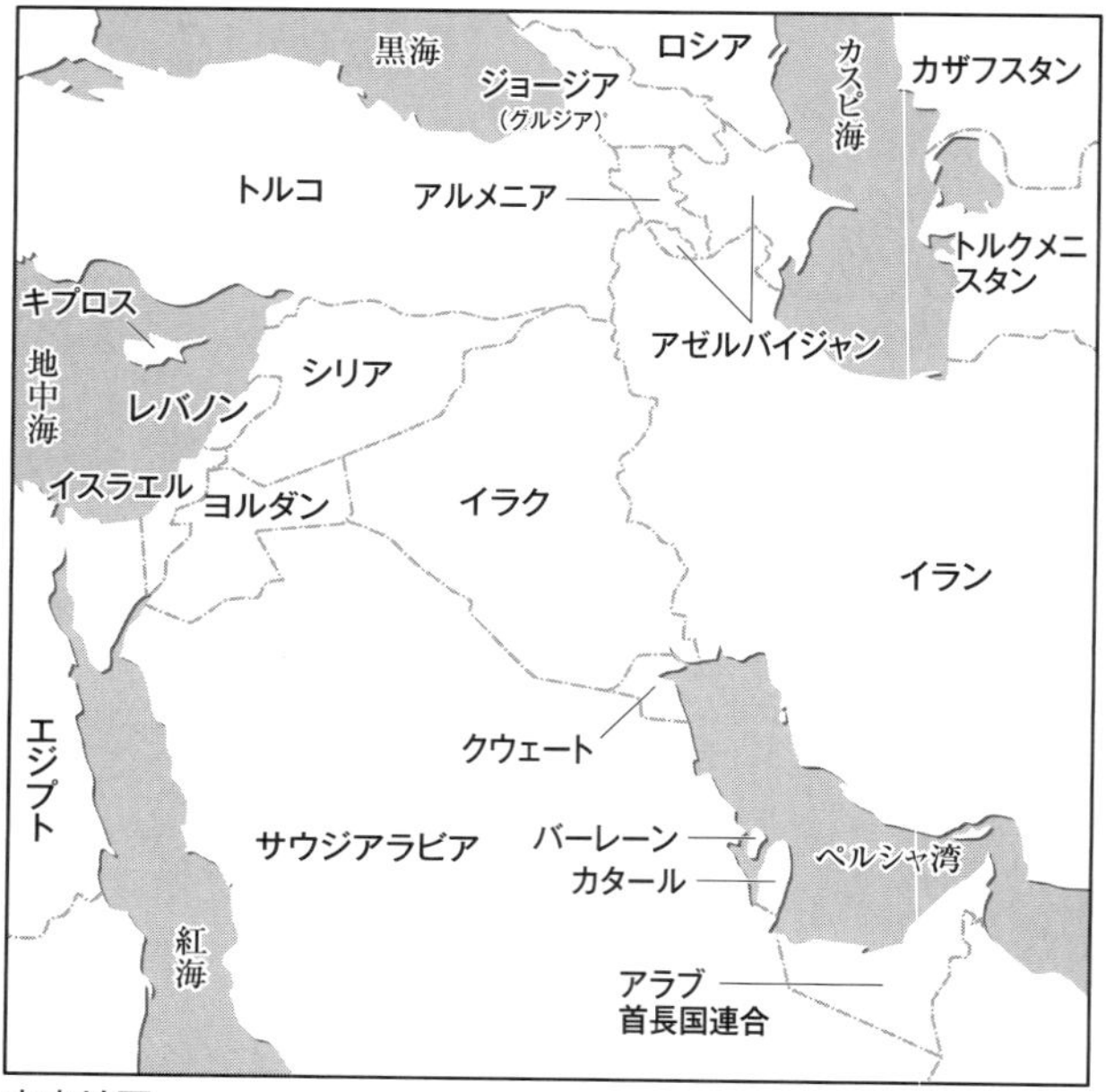
黒海
ロシア
カスピ海
カザフスタン
ジョージア
（グルジア）
トルコ
アルメニア
トルクメニスタン
キプロス
アゼルバイジャン
地中海
シリア
レバノン
イスラエル
ヨルダン
イラク
イラン
クウェート
エジプト
バーレーン
サウジアラビア
ペルシャ湾
カタール
紅海
アラブ首長国連合
中東地図

領土分割や勢力範囲を取り決めた秘密協定だ。イギリス代表のサイクスとフランス代表のピコが原案を作成し、ロシアを加えて締結された。

ここで決められた中東分割の線引きつまり国境線は、民族、宗教、経済合理性、地政学を無視した人為的なものだった。第一次世界大戦後、サイクス・ピコ協定に基づき、フランス、イギリスがそれぞれ中東を委任統治領とし、イラク、ヨルダン、レバノンなどの国を「つくり」、その器の内側に据えられたのが、中東の名門から選ばれた、英仏が操りやすい王や大統領だったのである。サウジアラビアはその余波で誕生した。

これらの器は、東西冷戦時代、米ソ対立の中で、なんとか形を保ってきたが、ソ連が崩壊した時点で、賞味期限切れを迎えたのだ。その器の中で起きたのが「アラブの春」だといえる。「アラブの春」を機に、アラブ人自身の手で民主的統治システムを作ることができれば、既存の器であっても、その機能を更新できる可能性もあったが、アラブ人たちは自己統治能力を発揮することができなかった。むしろさらなる混沌が生じることになったのだ。ＩＳは、サイクス・ピコ協定が結果的につくり出した混沌を培地に生まれ、成長したのである。

中東は、古代から東西南北のヒト・モノ・カネの自由な流れがダイナミックに交差する地域だった。これが常態であり、国境線が引かれ、人間の往来が制限されたのはこの百年程度の現象なのだ。数千年の「流動」という構造の中に、百年程度の歴史しか持たず、しかも外来のものである「固定」という要素を無理に押し込んでできているのが現在の中東諸国なのである。

時間のスケールで考えれば、民族や近代国家といった脆弱な要素は簡単に吹き飛んでしまう。言いかえれば歴史の浅い国民国家（民族国家）の器の中で中東地域が抱える問題の解決を図ろうとしても、歴史的、宗教的構造を考えれば、そもそも無理があったのだ。

サイクス・ピコ協定以前の状態に戻ることを、国際社会が真剣に考える以外に、問題解決の糸口はあるのか。

ナゴルノ・カラバフ紛争の「解決」がエスニッククレンジング（民族浄化）という最も悲惨な形でしか図れなかったように、中東全域の人間を根絶やしにすればいいのか。

イスラム教は地域宗教ではなく、世界宗教、つまり普遍宗教である。全世界に十五億七千万人の信者（推計、二〇〇九年）がいるのだ。

解決までにどれだけ時間がかかっても、問題の原点に戻ることからはじめるしかないと思う。

サウジアラビアとイラン

いま述べたような背景をもった地域で起きている紛争だということを念頭に、情勢を追っていこう。

シリア内戦の基本構図は、アサド政府軍、反アサド政権の武装組織「自由シリア」、そしてＩＳの三つ巴の戦いになっている。そこに周辺諸国、欧米やロシアなどの思惑が絡み、ますます事態が複雑になり、先行きが誰にも読めなくなった。

ＩＳの目的は、アサド政権を打倒することではなく、イスラム革命の達成にあるわけだから、宗派主義を全面に打ち出してイスラム教シーア派に対する殲滅《せんめつ》戦も展開している。当然、シーア派の総本山であるイランがＩＳとの戦いに乗り出した。

すると、ＩＳと激しい戦闘を展開していたサウジアラビアも、宗派対立が深まってくると自国の安定を優先し、イランとシーア派の脅威をアラビア半島から駆逐することに政策の重心を移した。

これには遠因がある。

二〇一五年九月二十四日、サウジアラビアのメッカ近郊のミナ（メナー）で、巡礼者が将棋倒しになった事件だ。少なくとも七百十七人が死亡し、八百人以上がけがをしたとサウジ当局は発表した。以下、報道から見てみる。

〈現場はカーバ神殿などがあるメッカ中心部から約5キロ離れたミナと呼ばれる聖地の一つ。この日は年1回のハッジ（大巡礼）の3日目、犠牲祭の初日にあたり、世界中から多数の巡礼者が集まっていた。死傷者の多くは外国人とみられる。

ミナでは巡礼者が悪魔を表す柱に投石する儀式をする。巡礼の行事のなかで最も危険とされ、過去には数百から千人超の死者が出た年もあったという〉

（朝日新聞デジタル、二〇一五年九月二十四日）

過去にも例がある事故にもかかわらず、イランは激しい反応をしている。イランの最高指導者ハメネイ師は、十月一日までに次のように述べた。

〈サウジアラビア西部のメッカ郊外で巡礼者ら700人以上が折り重なるなどして死亡した事故について、遺体の帰国の遅れを非難するとともに、サウジに対し「容赦なく厳しい」報復を行う用意があると述べた。

イラン国営プレステレビによれば、ハメネイ師は軍の学校で「サウジは義務を果たしていない」と述べたという。

またハメネイ師は「もし何らかの反応を見せることを決断するとすれば、われわれの反応は容赦なく厳しいものになるだろう」と発言したという〉

（CNN日本語版ウェブサイト、二〇一五年十月一日）

ハメネイ師が、サウジアラビアをこれだけ厳しく批判することは珍しい。イランのロウハニ大統領は九月二十六日、ニューヨークで潘基文《パンギムン》・国連事務総長と会談したとき、次のように述べた。

〈サウジアラビア西部メッカ近郊で大巡礼（ハッジ）に訪れた多数のイスラム教徒が折り重なって倒れ死亡した事故について、不明者捜索などで他国との協力態勢が不十分だったとサウジ政府を批判した〉

（共同通信、二〇一五年九月二十七日）

こう言い放った後、ロウハニ大統領は国連滞在を短縮し、二十八日に帰国の途についた。イランで直接指揮を執って外交的にサウジアラビアを追い詰めるためだ。

イランは「サウジアラビアは聖地を管理する意思も能力もない」と徹底的に宣伝し、シリア、イラク、イエメンなどでイランとつながるシーア派勢力の反サウジ感情を煽り立てている。イランの狙いは、イスラム教の聖地であるメッカ、およびメディナの管理権をサウジアラビアから奪い取り、イランの国教である十二イマーム派のシーア派が獲得することだ。ミナ事件によってスンナ派とシーア派の宗派間対立が一層深刻化することになる。

そして、二〇一六年一月四日、サウジアラビアがイランと国交を断絶する事態を招いたのだ。

ロシアの最新兵器

米英仏などは、ＩＳ支配地域とシリアのアサド政権支配地域を空爆している。

それでもアサド政権は崩壊することなく、内戦の主要な当事者であり続けている。それは背後でロシアが支援しているからだ。ＩＳ掃討作戦のために空爆のみならず、小規模であるが地上軍も派遣している。

二〇一五年夏頃と推測されるが、シリア政府軍に対して、ロシアは最新兵器を供与した。「パンツィーリS－1」という、自走式の近距離対空防御システムである。パンツィーリとはロシア語で「鎧《よろい》」を意味するが、その名の通り、機関砲二門と短距離対空ミサイルを十二門備えた非常に優秀な兵器なのだ。

高度一万メートルくらいの航空機はミサイルで撃墜し、低空の無人機や短距離ミサイルは、機関砲で防御する。機関砲を水平に向ければ、対人、対戦闘車両兵器としても大変な破壊力を持っている。しかも砂漠でも故障が少ない。

「パンツィーリS－1」は、アサド政権側に数十台供与されていると思われる。ひとつの兵器の登場が、アサド政権の息を吹き返させ、シリア内戦の局面を変えてしまったのだ。

当然、アメリカは、ロシアによるアサド政権支援に怒りを隠さない。いつまでもアサド政権が存続するではないか、と。

しかし、プーチン大統領は、シリア難民が大量に生じたのは西側諸国がアサド政権を潰そうとしたことによって IS が勢力を伸ばし、内戦が激化したからだ、と考えている。IS を打倒するためには、アサド政権を支援する以外にない、という立場をとっている。

ロシアは、我々は我々のやり方を貫く、というわけだが、これにも地政学的な事情がある。シリアには十九世紀にロシアから逃げてきたチェルケス人やチェチェン人が暮らしている。こうした人々が血縁を頼って、ロシア連邦のカラチャイ・チェルケス共和国やチェチェン共和国に戻ってくると、帝政ロシアによる弾圧の記憶と結びつき、民族意識が暴発し、テロが頻発する可能性がある。

したがって、アサド政権を支持することで、国民を難民化させないように求めているのだ。イランもロシアの姿勢を支持している。

ロシア軍が、IS支配地域だけでなく米英が後押しする「自由シリア」支配地域を空爆しているのも、アサド政権を延命させることが目的だ。

IS掃討作戦では、米ロは協力しているが、利害の一致しないところでは、まったく逆の軍事行動を行っている。

トルコの動静

トルコの動きについても触れておこう。

シリアと国境を接するトルコという観点に立つと、ペルシア帝国（イラン）とオスマン帝国（トルコ）による、アラビア半島をめぐる覇権争いという意味を帯びてくる。

歴史的にみると、ゾロアスター教を信仰していたペルシアは、ササーン朝時代の六世紀に、アラビア半島のペルシア湾沿岸や、現在のトルコの一部まで支配下においていた。

ここでイスラムに目を転じてみよう。先程述べたように、六二二年、イスラム教の祖ムハンマドが、アラビア半島の貿易・商業都市メッカからメディナに移り、この地でウンマ（イスラーム共同体）が誕生した。ムハンマドの死後、四代のカリフを経て、スンナ派とシーア派に分裂した。

多数派のスンナ派のカリフを戴くウンマはその後、イスラム帝国として展開していく。その系譜上にあるウマイヤ朝は、帝国として拡大を続け、ペルシア帝国であるササーン朝をも滅亡させた。

ウマイヤ朝の支配下で、ペルシア人はイスラム教を受け入れたが、言語や文化までアラブ化されることはなく、ペルシア語と独自の文化を保持し続けた。このあたりの事情を、アメリカの作家で、歴史教科書の執筆者でもあるタミム・アンサーリーの著した『イスラームから見た「世界史」』（小沢千重子訳）で読んでみよう。

〈ペルシア人は、セム語族ではなくインド＝ヨーロッパ語族に属する言語を母語とする人々だった。彼らは固有の古代文明と輝かしい歴史を誇り、けっして征服されない言語をもっていた。ペルシア人の多くはイスラームを受け入れたものの、アラブ化には頑として抵抗した。イスラームに改宗したペルシア人は、容易に解決できない宗教上の矛盾を社会に突きつけた〉

（タミム・アンサーリー『イスラームから見た「世界史」』）

「矛盾」とは、ウンマに加入したすべてのムスリムは平等であるというイスラムの理念が、ウマイヤ朝では実現されていないことを意味していた。

〈アラブ人はいまや支配者であり、貴族階級を構成していた。みなが平等であるという体裁を取り繕うどころか、ウマイヤ朝政権は社会を構成する多種多様な人々を差別し、序列化するための公的な制度を編みだした。（中略）これら歴然たる社会階層のあいだには軋轢が生じ、とりわけアラブ人の新興貴族とペルシア人の旧貴族の間でそれが顕著だった。階層間の反目によって、イスラーム圏のこの地域では常に水面下での不平不満が燻っていた〉

（同前）

日々の報道で、「シーア派が多数を占めるイラン」といった表現を見聞きする機会が多いと思う。なぜ、イランではシーア派が主流になったのか。タミム・アンサーリーはその点を的確に表現している。

〈シーア派はイスラームの抑圧された宗教的負け犬で、
ペルシア人はイスラームの抑圧された民族的負け犬だ。
シーア派は正統派の宗教的権威を嘲っており、
ペルシア人はアラブ人の政治的権威を嘲っている〉

（同前）

この一節を受けて、「一方が他方に共鳴するのは必然的ななりゆきだった。ペルシア人はシーア派の教義を信奉するようになり、シーア派の煽動者は新たな入信者をペルシア以東に求めるようになった」とアンサーリーは書いている。

この地域は、モンゴル帝国による蹂躙《じゅうりん》を経験して、十六世紀にイラン高原を中心にサファヴィー朝が成立する。この王朝は約二百年続いた。支配層は、王朝名のとおり神秘主義的なサファヴィー教団の指導者の家系である。サファヴィー教団の教義はシーア派の教義とも親和性があったが、支配層は統治を円滑にする目的もあって、民衆に受け入れられやすい十二イマーム派のシーア派を採用し、やがて、この教義が民衆に浸透していくことになったのだ。

そのサファヴィー朝と国境を接するのが、オスマン帝国だった。オスマン朝は十三世紀末から十四世紀の初め、現在のトルコ、アナトリア半島の西で誕生した。一四五三年、東ローマ帝国の首都コンスタンティノープルを征服し、十六世紀半ばには、その版図をシリア、イラク、北アフリカの一部、イスラームの聖地、メッカとメディナも支配下においた。版図の広いオスマン帝国は、多民族・多宗教を包含し、非常に精緻な統治システムを作り上げ、繁栄を極めた。しかし第一次世界大戦で敗北。オスマン帝国は崩壊したのだ。

現在のイランが中核になったサファヴィー朝と、トルコが中核になったオスマン帝国は、領土をめぐって戦争を繰り返し、互いに消耗することになった。せめぎ合いの中心になっていたのが、現在のイラクあたりなのだ。つまり、アラブが「草刈り場」になっていたというわけだ。

イランに配備される「S300」

トルコのプラスはイランのマイナスとなる。イランのプラスはトルコのマイナスになるという図式は、現在も続いているのである。

トルコはISとの間での人の自由な往来を黙認していた。というのも、トルコにとってはISの脅威よりも、自治を求めるクルド人勢力が伸びることと、イランがシリアに対する影響力を拡大する脅威のほうが大きいからだ。

ISが、クルド人とイランの勢力伸長を抑制するある種のバッファ（緩衝地帯）の役割を果たしてくれる。トルコ領に入ってこなければ、さほど気にはならない程度の感覚で、ISは「生かさず殺さず」としておくことが、自分たちの利益に叶っているというわけだ。

ここにもロシアが絡んでくる。繰り返しになるが、ロシアによるISへの空爆は、シリアのアサド政権の崩壊を防ぐことが目的だ。

イランとの関係についてロシアは、核開発の協力や、地対空ミサイルシステム「S300」の供与協定を締結した。イランは「S300」を配備することによって、トルコやイスラエルに対する防空能力を飛躍的に強化することができる。シリア崩壊後の空白を埋めるときの憂いが減るというわけだ。ロシアはイランへの核開発協力と武器支援によって、軍事的な急所を握り、崩壊したシリアをイランに独占させず、それなりの影響力を確保するという意思を示している。

ロシアとフランスは、パリ同時多発テロ事件をきっかけにISの排除で手を結んだ。さらに、ロシアはイランとも連携を強化している。ロシア・フランス・イランの同盟が成立すると、トルコが、シリア崩壊後の「利権」獲得から排除されるおそれがある。

二〇一五年十一月二十四日にトルコ・シリアの国境付近で起きた、トルコ軍によるロシア軍爆撃機撃墜は、こうした三国の動向に、トルコが過敏になっているという背景があると考えられる。

このロシア機撃墜事件で、どちらにつくのか踏み絵を踏まされることになったのがフランスだった。トルコもフランスもNATOの一員なのだ。結果として、フランス・ロシア・イランの三国「同盟」が強固なものになることはなかった。

一言付け加えると、トルコがロシア機を撃墜するというのは、たいへんなリスクが伴ったはずだ。果たしてトルコ一国の判断で可能だったのか、第三国とこの可能性について裏で相談していたのか、疑問が残る。

無差別爆撃の強化

各国、各勢力の合従《がっしょう》連衡《れんこう》の関係がどうなっているかを理解することは一筋縄にはいかない。米ソ二極が世界秩序を決めていた時代が終わった後の、世界の一断面といえる。この複雑な地政学の方程式を上手に解いているのが、この章で繰り返し触れている、ロシアのプーチン大統領だ。

二〇一六年三月十八日、プーチン大統領はシリアからロシア軍が撤退することを発表した。前年九月のシリア空爆のときもあまりに突然のことに国際社会は驚かされたが、この撤退発表にもさぞ驚いていることだろう。

実際にロシア軍は三月十五日から撤退を始めたが、軍事顧問団をシリアに残すと見られている。これらの軍事顧問は、ハイテク兵器の専門家や参謀からなり、ロシア軍の強い影響力がシリアに残ることになる。朝日新聞が詳しく伝えているので引用する。

〈15日に始まったシリア駐留のロシア主力部隊の撤収に関連し、ロシアのプーチン大統領は17日、爆撃機や戦闘機のほか、トルコのロシア機撃墜を契機に配備された地対空ミサイルも「残る」と述べた。インタファクス通信などによると、撤収後も約1千人の兵力を維持するとみられるが、「必要があれば、数時間で再び部隊を増強することができる」とも話した。

ジュネーブで始まったシリア内戦の和平協議をにらみ、アサド大統領の退陣を主張する反体制派などを牽制したものとみられる〉（朝日新聞デジタル、二〇一六年三月十八日）

米国の圧力と説得に屈してロシアがシリアから撤退するという見方があるが、それは違う。ロシアは、所期の目的を達したから、これ以上、正規軍部隊をシリアに駐留させる必要はないと考えたのだ。アサド政権を支援し、その存在を国際社会に認知させるという目的が達成されたわけだから、今後、ロシアはアサド政権と連携してＩＳに対する攻撃を強化していくだろう。

具体的には、ＩＳ支配地域の民間人に死傷者が発生することを躊躇しない無差別爆撃の強化である。

〈過激派組織「イスラム国」（ＩＳ）が首都と称するシリア北部ラッカで18、19の両日、ロシア軍によるとみられる大規模な空爆があり、少なくとも民間人55人が死亡した。英国に拠点を置くシリア内戦の反体制派NGO「シリア人権監視団」が20日、発表した。人権監視団は、現地住民の話として、死者55人のうち13人は子どもで、12人は妊婦を含む女性だったとしている。けが人は数十人にのぼり、重体・重傷者も多いといい、死者の増加が懸念される。

シリア内戦をめぐっては、先月27日にロシアと米国の呼びかけで停戦が発効した後、今月14日からスイス・ジュネーブで国連主導の和平協議が続いている。ISと国際テロ組織アルカイダ系「ヌスラ戦線」は停戦の対象外にされ、両組織を狙った空爆は停戦違反ではないが、ISやヌスラ戦線への空爆で巻き添えになる民間人が今後も増え続ければ、停戦の意義が問われる事態になりかねない〉（同前、二〇一六年三月二十日）

ロシアが描く中東勢力図

もし、プーチンがこの記事を読んだとしたら、冷ややかに笑ったことだろう。プーチン政権の中東政策は、シニカル（冷笑的）な現実主義という特徴を帯びている。

ロシアがどれだけアサド政権を支援しても、この政権がシリアの領域全体を実効支配することは不可能だという現実をプーチン大統領はよくわかっているのだ。

今後、シリアは三〜五個の小国家に分裂すると思う。同様にイラクも三つの小国家に分裂することだろう。どの小国家も覇権的な力を持つことができず、分裂したグループ間同士の武力紛争は、長期間続くことになる。

中東では戦争が常態で、稀に平和の時期があるという状況が続くことになる。当然、これらの小国の背後には周辺国やロシア、欧米諸国がついて、武器や資金援助を行うことだろう。

プーチン大統領は、近未来に予想されるレヴァント（地中海東部沿岸地域）とイラクにおける勢力図を頭に描き、時が至れば軍事力を誇示することによって、国際政治におけるロシアの影響力を強化しようとしていると思う。

先に地政学は乾いた学問だと述べた。プーチンの冷笑的現実主義に見事なまでに合っている。

破綻国家とカネ

こうしてシリア内戦を概観すると、内戦の「主役」は誰なのか、わからなくなってしまう。息詰まるような話を続けたが、この内戦の煽りを受けて、気になることがある。

現在も国際社会の関心はＩＳに集まっているが、動向次第では中東情勢を大きく変えてしまいかねない「民族」が生まれつつあるのだ。

ＩＳはスンナ派の過激組織だ。一方、現在、イラクを実効支配しているのは、イスラム教では少数派のシーア派のアラブ人だ。基本的にアラブ人はスンナ派が圧倒的に多い。

ＩＳがイラク国内で勢力を伸ばせば、彼らは強く抵抗する。イラクの隣国イランはシーア派人口が九割を占めている。イラクのシーア派アラブ人は、同じ宗派のイランに助けを求めてもよさそうなものだが、イラン人がペルシア人だということがそれを妨げているのだ。

というのも、イラクのアラブ人は宗派以上に民族意識が強いからだ。そのような理由で「シーア派アラブ人」という、新しいアイデンティティーをもった民族が生まれつつあるのだ。イランからも他のスンナ派が主流のアラブ諸国からも距離をおくだろう。だから「新しい民族」が生まれるわけだ。

今後の焦点は、「シーア派アラブ人」を誰が獲得するのかということに絞られていくと思う。アメリカはイランと関係修復を進めていて、ＩＳ対策で力を合わせようということになったから「シーア派アラブ人」は敵だということになる。

イランも自分たちの利益がかかっているために、いまはアメリカと手を組んでいるのだが、同時に、イランはそんなアメリカの姿勢を明らかに「弱さ」と見ている。

そのことが中東情勢をさらに不安定にさせてしまい、イランはシリアに介入することができた。さらに、手を伸ばしてイエメンにも介入するようになったわけだ。イエメンではイスラム教シーア派武装組織のフーシ派が突然力をつけた。これは明らかにイランのイスラム革命防衛隊がフーシ派内に入っていると見て差し支えない。

イエメンと国境を接するサウジアラビアはイエメンのフーシ派を空爆している。当然、その背後にはアメリカがついている。アメリカとイランは手を組んだというのに、おかしな構図だ。

さらに異変が起きている。二〇一四年のイスラエル・ガザ地区で起きた紛争で、ガザを拠点にするハマスに武器を運搬したのは、スーダンだった。これにはイランが資金提供をしていた。ところが二〇一六年になって、スーダンはイランと手を切り、サウジアラビアからカネをもらってイエメンに傭兵を送っているのだ。

スーダンのような破綻国家は、カネで動くから、周辺諸国にとっては、それなりに利用価値がある。それが複雑な対立の構図を生み出し、シリアやイラクだけではなく、アラビア半島を巻き込んで、中東をますます不安定にさせているのだ。

第三章 「パナマ文書」と地政学

「パナマ文書」の衝撃

「パナマ文書」が国際社会の注目を集めている。「節税」のためにタックスヘイブン（租税回避地）を利用していた世界各国の政治家や富裕層、多国籍企業の情報を満載した文書のことだ。

タックスヘイブンとは、法人税や所得税に課される税率がゼロか極めて低い国や地域をいう。米国のアップルやグーグル、ネット通販大手アマゾンが利用しているのは広く知られている。「パナマ文書」について、もう少し詳しく見てみよう。

〈タックスヘイブン（租税回避地）の会社の設立などを手がける中米パナマの法律事務所「モサック・フォンセカ」から流出した内部文書。１９７７年から２０１５年にかけて作られた１１５０万点の電子メールや文書類。データ量は２・６テラバイトにのぼる。21万余の法人の情報の中には、10カ国の現旧指導者12人、現旧指導者の親族ら61人の関係する会社も含まれている。芸能人やスポーツ選手の関係する会社もある〉

（朝日新聞、二〇一六年四月七日）

モサック・フォンセカが行っていた会社設立とは、節税したい顧客の依頼を受けて、租税回避地にペーパーカンパニー（実態のない会社）を設立することだった。

顧客はタックスヘイブンに設立した会社に資金を移せば、それぞれの国で保有する課税対象の資産が減るわけだから、その分、国に支払う税金が少なくて済む。

税金逃れと国民国家

タックスヘイブンは、どんな国にあるのだろうか。

主なところで言えば、ヨーロッパでは、モナコ公国やサンマリノ共和国。中米のパナマ。カリブ海のバミューダ諸島、バージン諸島、ケイマン諸島、バハマ。英国領のマン島、ジャージー島。中東、アラブ首長国連邦（UAE）のドバイやバーレーン——いずれも小さな国や地域や島だということがわかるだろう。

産油国のUAEは別にして、他のタックスヘイブンは、ほとんどが国や地域の経済を支えるだけのめぼしい産業がなく、資源にも乏しい。

そんな国が自国をタックスヘイブンにすることは、広大な土地も良港も、巨額な設備投資も必要ないため、外貨を呼びこむ手段として効率的だと言える。まさに地理的制約が金融中心の国づくりをさせ、それがいまや、租税という近代国民国家の存立にかかわる問題にまで影響を及ぼしている。地政学の基本を使って説明できる格好のサンプルだ。

戦間期に現れたタックスヘイブン

タックスヘイブンの起源は諸説ある。ローマ教皇領（最も古ければ八世紀）説、十二世紀から十四世紀のイギリスの英仏海峡に臨む主要港湾都市にあった船舶や船員を供給する組織（シンク・ポーツ）説、中世後期、北ドイツの沿岸都市を中心にバルト海貿易を独占したハンザ同盟説などが挙げられる。

中世から近代にかけて、人々に巨万の富と、その富を背景にした権益をもたらすのは海運だった。その地理的条件を満たす港湾都市にタックスヘイブンの起源を見ることができるのは興味深い。

現在のようなタックスヘイブンの原型は、第一次世界大戦と第二次世界大戦の戦間期だとされている。

多国籍企業や富裕層の租税回避が国際社会において深刻な問題として捉えられはじめた

のは、一九九〇年代。グローバリゼーションの進展によって、各国経済が共依存のような状態になってからのことだった。

〈為替管理の自由化、情報通信技術の発展による地理的な制約の低下、金融・サービス取引の手段の多様化により、多国籍企業にとって各国の税制の差を利用した租税回避が一層容易になった〉

（山口和之「タックス・ヘイブン規制の強化」『レファレンス』二〇〇九年十一月号）

多国籍企業の旺盛な「節税」への動きに応じて、税の引き下げによる企業誘致を行う国が出てきた。租税のダンピングである。これが「パナマ文書」の文脈に限定した場合のタックスヘイブンの源流になる。

こうして税を少しでも払うまいとする多国籍企業や富裕層と、少しでも税収を上げたい国際社会とのいたちごっこがはじまったのだ。

山口論文が指摘する「情報通信技術の発展による地理的な制約の低下」は、現代の地政学を構成する要素を的確に言い当てている。近代国家の重要な力の源泉の一つが、徴税権である。集めた税金を原資に、官僚組織や軍隊、治安組織を維持し、公的サービス、インフラ整備、福祉という形で国民に再分配を行う。

企業が国に納める税金は、国庫を潤す大きな収入源だ。しかし、カネも情報も、「情報通信技術の発展」、つまりインターネット上で瞬時に移動するようになり、国際社会の情報格差と税制度上の落差を利用して、企業は国への納税額を減らし、利益を自分たちの資産として留保できるようになった。

擬制の電子情報空間

従来の地政学では、船舶や鉄道、飛行機など移動手段の発達と、それに伴って短縮された時間や物資輸送量の移り変わりを、国家間の関係を考える要素として重視してきたが、いずれにせよ地理的制約を受ける。しかしインターネットが世界の隅々を覆い、高速化したことで、人々は領土も海洋もやすやすと越えられるようになった。

国家が持つランドパワーもシーパワーも及ばないところで富と情報の移動が行われているのだ。もちろん、インターネット上を行き交う情報はすべて特定の国家によって監視されているという留保はつけなければならないが。

つまり、多国籍企業や富裕層は、国家の縛りからある程度、自由に振る舞うことができるようになったのだ。国家にとって税収が減ることは、「死に至る病」にかかるに等しい。国家を構成する地域が自己決定権を求めることで起こす動揺とは性質の異なる揺さぶりを、多国籍企業や富裕層は国民国家に対してかけている。

地政学の基本になる地理的な制約条件――リアルな空間と時間――だけでは、現代の国際社会を捉えきることができない。もう一つのリアル――決してバーチャルというべきではない――電子情報空間も地理的にリアルな時空間に擬制されると捉えるべきだ。

ビッグデータと世界秩序

ロシアの地政学の教科書では、グローバル化が進むことで変化する世界を、米ソを頂点にした二極的な世界秩序から、多中心的な世界秩序への移行として捉えている。パワーが一点に集中する支配的な「極」ではなく、それよりは輪郭があいまいで、どれも「極」にはなり得ない多くの「中心」がお互いに影響を及ぼし合いながら世界中に分散しているという世界地図を描くことができるのだ。

インターネットユーザーは日常的に電子情報空間で様々な情報を授受している。その情報にさまざまなタグ付けがなされて、ビッグデータとなり、政治経済分野で利用され、世の中に影響を及ぼし、私たちの思考や行動を方向づける場合もある。電子情報空間は多中心的な世界秩序を構成する「中心」のひとつであり、その空間では、私たち一人ひとりがプレイヤーでもあることを認識すべきだ。

中間層も崩壊させる世界的格差

タックスヘイブンを利用した金銭のやりとり自体は合法だ。指南書も刊行されているし、ネット上でも、タックスヘイブンの利用法はいくらでも読める。

では、「パナマ文書」が、なぜ国際社会に衝撃を与えたのか。

二〇一一年にはじまった「オキュパイ・ウォール街運動（ウォール街を占拠せよ）」が象徴するのは、富裕層による富の独占である。経済格差の解消と富裕層への課税強化を求める声が集まったのだ。

こうした経済格差の広がりは貧困層だけでなく中間層の生活基盤をも崩壊させつつある。世界各国に共通した現象だ。

感情的な言い方になるが、「パナマ文書」によって、世界中の中・下流層から呪詛《じゅそ》の対象にされている多国籍企業や富裕層の名前が明らかになった。合法、非合法は関係ない。「ずるいことをして蓄財にふける奴ら」の姿が、大量に実体を伴って現れたのだ。

リストには、各国の政治家の名前もあった。国の財政事情から個人への課税を強化し、福祉切り捨ての政策を進める政治家もいる。道義的責任を追及する声が挙がるのも当然だ。

タックスヘイブンを利用していた政治家の中に、英国のキャメロン首相の名前があった。首相はメディアのインタビューに対し、亡父がパナマの投資ファンドを運営し、英国の課税を逃れていたことを認めた。

〈キャメロン氏は、亡父が設立に関わったファンドに妻と共有名義で投資信託を5千口保有。首相就任前の2010年1月に約3万ポンド（約460万円）で売却した。英BBCによると1997年の購入時は約1万2500ポンド（約190万円）だった。

キャメロン氏は、投資は「父が株式ブローカーだったのでごく自然だった」とし、売却理由は「首相になるなら私利的な利権があるといわれたくなかった」と説明。配当金にかかった英国の所得税は納めたとし、「何も隠すことはない」と述べ、自身の納税申告書を公表する意向を示した〉

（朝日新聞デジタル、二〇一六年四月八日）

このように合理的な釈明をしても、カネに関して「ずるい」ことをした人間に対する世間の目は厳しい。キャメロン首相に対する大規模な退陣要求デモが起きた。

〈「なぜここまで人々が怒るのか、首相は理解しているのか。納税を拒否する超富裕層にむしり取られていなければ、人々が緊縮で味わった苦難の多くは避けられた」。11日、英下院。野党労働党のコービン党首は、強い口調でキャメロン首相を非難した。（中略）

背景には、財政健全化を掲げて厳しい緊縮を強い、合法の節税行為すら批判してきた首相自身が、富裕層相手のタックスヘイブンで利益を得ていたことへの国民の怒りと不信感がある〉

（同前、二〇一六年四月十三日）

なぜ「南ドイツ新聞」に持ち込まれたのか

ところで、のちに「パナマ文書」と呼ばれることになる膨大な量のデータは、「南ドイツ新聞」に持ち込まれた。南ドイツ新聞は、ミュンヘンに本部を置く高級日刊全国紙で、一九四五年創刊、リベラルな論調が特徴だ。

なぜ、持ち込まれた国がドイツで、しかも南ドイツ新聞だったのか。他の高級紙、たとえばフランクフルター・アルゲマイネ・ツァイトゥングでもよかったのではないか。

ここから先は、私の推測だ。まず、パナマの法律事務所から流出したデータの量が二・六テラバイトと膨大である。データ解析をしようにも新聞社一社では手に負えない量だった。情報流出には組織的な関与があったと考えるのが自然だと思う。

次に、南ドイツ新聞の本拠、ミュンヘンという場所だ。ミュンヘン郊外には、ドイツの情報機関である連邦情報局（BND）の本部が置かれている。これは偶然の一致だろうか。

英国は二〇一六年六月にEU離脱の可否を問う国民投票を控えている。スキャンダルを暴露することで、キャメロン首相に、絶対にEUから離脱するなという「脅し」のメッセージを送ったのかもしれない。同時に、二〇一六年二月のEU首脳会議で、キャメロン首相から英国の改革案をほぼ丸呑みさせられた意趣返しもあったのかもしれない。

背後に、EU、つまり事実上の盟主であるドイツの影がちらほらする。

南ドイツ新聞と連邦情報局、ミュンヘンとの繋がりという、そんな「わかりやすい」話があるのかと思う読者もいるだろう。しかし、電子情報空間の影響力が強くなり、インテリジェンスがある種のスマートさを帯びてきても、人を脅すときには、当事者がメッセージの意味をはっきり理解できるよう、わかりやすいほうがいい。それでいて、確たる犯人の証拠はつかめない。そんな泥臭さに人は震え上がるものなのだ。

ライン川の向こう側

陰謀論のようにも思える作業仮説だが、このような線引きをすることで、EUにおけるドイツの地位、また、英独関係がくっきり浮かび上がってくる。

第一章で、エマニュエル・トッドの、英独関係についての見解を紹介したが（第六章でも詳述する）、両国は「水と油」の関係だ。第一次世界大戦後、英国人、つまりシーパワーの国民としてマッキンダーが抱いた、ドイツに対する警戒感は変わっていない。つまり、ドイツのランドパワーがユーラシアとまではいかなくとも、ヨーロッパ大陸を覆い尽くさないことが、英国の利益にかなうのだ。

英国にとっては、独自通貨を維持しながらヨーロッパ大陸の国々とほどよい距離感で付き合え、かつドイツの台頭をほどよくコントロールする回路を担保できる、EU「半加盟」くらいがちょうどいい。

ドイツはドイツで、英国が通貨を共有しなくても、EUの枠内にいてくれることで、求心力を保つことができる。

そもそもなぜ、ドイツはEUの中で、覇権的な地位に上ることができたのだろうか。フランス人のトッドは、ドイツのことを「ライン川の向こう側」と呼ぶことがある。

冷戦崩壊後、ドイツが、フランスから見て「ライン川の向こう側」に位置していたことが、地政学的に有利に働いた。

東西冷戦中のドイツは、NATO（北大西洋条約機構）の最前線で、ソ連を盟主とする東側（ワルシャワ条約機構）と直接対峙していた。ソ連の呪縛が解けたことで、東欧諸国は、ドイツにとっての脅威から準植民地に変わったのだ。東欧諸国には、社会主義政権下で高い水準の教育を受けた良質で安い労働力があった。

ドイツは、その安価な労働力を活用して経済を復活させ、ヨーロッパにおいて支配的な立場を確保することができた、とトッドは指摘する。

ヨーロッパ大陸のEU加盟国は、ドイツの経済力に膝を屈しているだけで、心服しているわけではない。だからドイツにとっては、大陸ヨーロッパに対して「光栄ある孤立」を続けてきたイギリスを、「半加盟」状態であってもEUに残留させ続けることが、自らの力を示すことができ、国益にかなうのだ。

ピケティの仮説

フランスの経済学者トマ・ピケティは、欧州が民間の利権に振り回されていると指摘する。その理由を、多国籍企業の活動を規制できる強力な公権力が存在しないことに求めている。

〈この袋小路から抜けだすことは可能だ。ユーロ圏のGDP（国内総生産）と人口で75％以上を占めるフランス、ドイツ、イタリア、スペインの4カ国が民主主義と税の公平性に基づいた新条約を結び、大企業への共通法人税という実効性のある政策を取れば他国もそれにならうほかなくなるはずだ〉（朝日新聞デジタル、二〇一六年四月二十日）

仮にピケティが言うような新条約を結ぼうとしたとき、自らの領土にタックスヘイブンをもつ英国が、EU加盟国であり有数のタックスヘイブンのオランダ、ルクセンブルク、アイスランドなどに、手を突っ込んでかきまわす可能性もある。

ヨーロッパ大陸のEU加盟国に対する英国の強みは、グローバリゼーションが進んでも、ドーバー海峡を挟んだ海の上に浮いている島国だという点に変わりはない。

このように見ると、先ほどの作業仮説が妙にリアルに思えてくる。「パナマ文書」はハッキングによって流出したという。電子情報空間という地理的制約から離れた「オフショア」の利用は、英国に一撃を加えられる最良の手段なのだ。

「アラブの春」とSNS

ここまでは「パナマ文書」の流出の影響を地政学的に見たときに、どのような構図の絵になるのかを考えてきた。ここからは、その地政学的に描かれた絵の中で見過ごすことのできない二つの要素について、それぞれ考えてみたい。

インターネットと多国籍企業である。

まず、インターネットは多中心世界における中心のひとつ、電子情報空間を生み出した。人は、インターネットに接続できる環境ならば、いつでもどこでも瞬時に世界中の情報にアクセスでき、また、情報を発信できる。

国境を超えて情報やメッセージを何万人もの人とシェアできるSNS（ソーシャル・ネ

ットワーキング・サービス）の持つ影響力は説明の必要がないくらいだろう。しかし、その力は国家を震撼《しんかん》させるほどのものなのだろうか。

ソーシャルメディアの力を語るとき例に出されるのが、二〇一〇年から一二年にかけて起きた「アラブの春」だ。

二〇一〇年末、北アフリカのチュニジアで警官から取り締まりを再三受けた露天商の青年が抗議の焼身自殺を図った。この露天商に連帯するかのように市民が抗議行動を起こし、チュニジア全土に波及、ベンアリ政権打倒デモへとつながっていった。これが「ジャスミン革命」だ。

デモが全土に広がる過程で、情報の発信・拡散にソーシャルメディアが大いに貢献したと言われている。

ジャスミン革命の影響は、近隣諸国にたちまち飛び火し、エジプト、リビア、シリア、バーレーン、イエメンでも大規模な反政府運動が起きた。

チュニジアからシリアまでの地図を見るとわかるが、陸路ならばリビア、エジプト、イスラエル、ヨルダン、サウジアラビアという国々を通過しなければならない。砂漠が広がり、道路、交通手段の選択肢は限られている。それぞれの国情の違いや治安状況も移動を阻害する。インターネットがなければ、各国に反政府運動が短期間に広まることはなかっただろう。

SNSは普遍化を促すか

総務省の『情報通信白書（平成二十四年版）』には、「アラブの春」の動きの中で、ソーシャルメディアが果たした役割の考察にページが割かれている。ドバイの政府系シンクタンク・ドバイ政府校の調査・分析を要約したものだ。

〈アラブ地域での抗議の呼びかけの多くは、主としてFacebookによりなされており、同校では、「Facebookが、人々が抗議行動を組織した唯一の要因ではないが、それらの呼びかけの主たるプラットフォームとして、運動を動員した要因であることは否定できない。」とし、「Facebookの浸透度が低い国においても、活動の中核にいる人々が他のプラットフォームや伝統的な現実世界の強固なネットワークを通じてより広いネットワークを動員する有益なツールであった。」としている〉

（総務省『平成二十四年版情報通信白書』）

加えて、運動自体がアラブ地域でのフェイスブックの利用を促したという。市民運動期間中、エジプトとチュニジアでは、どのような理由と目的でフェイスブックが利用されたのか。

〈「運動の背景に関する認知度を高めること」が両国で最も高く、運動や関連情報に関する情報発信や、運動に係る計画や活動家間の管理を含めると、8割を超える利用者が市民運動関係の情報行動をFacebookにおいて行っていたことになる〉（同前）

アラブ地域の市民にとってソーシャルメディアは有効なツールだった。

「『アラブの春』の動きは、ソーシャルメディアと密接な関係にあり、ソーシャルメディア利用者は、表現の自由に対する価値観を強めているといえるだろう」と結論づけている。この調査を、ドバイの政府系機関が行ったという点も興味深い。市民がソーシャルメディアを利用することで、民主化要求運動を、物理的な阻害要因を乗り越えて実現できることに、神経を尖らせていることが窺える。

日本においても、政府刊行物にわざわざ海外でのソーシャルメディアを使った抵抗運動を掲載するというのは、ソーシャルメディアが武器として国家に向けられたときの力を認識しているからだろう。

では、ソーシャルメディアはグローバリゼーションと同様、普遍化を促すツールなのだろうか。

アラブという地域では確かに有効だった。

日本では二〇一二年、「あじさい革命」と呼ばれる、原発廃止を求める市民運動が起きた。名称からわかるとおり、チュニジアの「ジャスミン革命」にあやかったものだ。しかし、アラブ民衆の情熱まで共有できただろうか。そうは思えない。

そこに立ちはだかるのは、「言葉の壁」だ。写真や動画など感覚的な分野での共有はできても、言語を共有できなければ国境を越えた連帯は難しい。

電子情報空間という、山岳地帯も海洋も砂漠も気候変動もない世界における地理的制約は、もしかすると「言語」なのかもしれない。

アップル、グーグル、マイクロソフトも

次に多国籍企業と富裕層について考えてみたい。国民国家と、どのような関係にあるかを検討していくためだ。

ロシアの大学で用いられている地政学の教科書は、現代の国際社会において、良くも悪くも重要な役割を果たしているのが、非国家的なプレイヤーだと言われている。多国籍企業はその代表的な非国家的組織だ。

多国籍企業は、自らの利潤を増大させ、資産を蓄積して一部を投資——設備、技術開発・革新、人材、金融市場など——に回し、さらに利潤を増大させていく。その繰り返しで自らの存続を図ることが目的だ。

したがって、タックスヘイブンを利用して、できるだけ出て行くカネを抑えることも、本来の目的に照らせば、正義なのだ。

では、国民国家には、こうした多国籍企業の行動はどう映るのだろう。「多国籍企業が生み出した巨額の利益の一部が、税金としてわれわれの懐《ふところ》に入ってこなければならないのに、租税回避するとは許せない!」ということになる。国民国家にとって税収がいかに重要かは、既に述べたとおりだ。

二〇一六年四月十五日に閉幕したG20財務相・中央銀行総裁会議では、各国に企業による課税逃れを防ぐ、国際的なルール作りに取り組むことを求めた。

〈共同声明には、国外にある自国民の銀行口座などの課税情報を、各国の税務当局者が交換する国際ルールを強化する対策が入った。

情報提供に非協力的な国を特定する基準を、経済協力開発機構（OECD）が7月までにつくる。参加国には来年の秋ごろとみられるG20首脳会議（サミット）までに、これを満たすよう求めた。税金の安い外国に資産をためておこなう脱税や資産隠しを防ぐためで、非協力的な国は「ブラックリスト」にのせて公表し、税負担を重くするなどの対抗措置を取る方針だ〉

（朝日新聞デジタル、二〇一六年四月十六日）

一方で実効性を疑問視する声も上がっているという。

規制を強化し過ぎると、企業や富裕層が資産ごと税率の低い国に移ってしまう。そこで、主要国は、企業の法人実効税率を一九九五年以降、段階的に低くしている。また個人所得の最高税率も一九八〇年代半ばから低くなっている。

それでも多国籍企業は税金を逃れようとするものだ。先に挙げた、アップルやグーグル、アマゾンのほか、マイクロソフトもタックスヘイブンを利用して「節税」に励んでいたことが明らかになっている。

なかでも、大手コーヒーチェーン、スターバックスは英国で、子会社との取引などで帳簿上、赤字になったことにして、税金を払っていなかった。日本の多国籍企業や大手金融グループも似たり寄ったりかもしれない。

国境を越えたツケ

では、そのツケは誰が払わされるのか。そのしわ寄せはどこにいくのかというと、国民のなかでもとりわけ中間層である。サラリーパーソンならば、税金は源泉徴収されていて租税回避しようがない。そして消費税増税や、財政難を理由にしたセーフティーネットの荒廃、生活の基盤がさまざまな局面で切り崩されてゆく。子育ても難しければ、十分な教育を受けさせることも難しくなる。安心して老いてゆくこともできない。

グローバリゼーションの進展に伴うインターネット技術の進化、商取引における規制撤廃などは、各国の国境の垣根を低くした。そのツケは、すべて国民に回ってくるのだ。それぞれの「地」から動くことは難しい。

日本の場合で言えば、旧来型の地政学で語られる安全保障――中国、北朝鮮の脅威だけが地政学的リスクではない。それ以上の地政学的リスクは、新しい地政学上のメインプレイヤーである中間層が、国民国家の縛りから逃れようとすればするほど疲弊していくことにある。さらに言えば、本来、分厚くあるべきこのゾーンを保護することができない国民国家そのものが、大きな危機にさらされている。

第四章　ネット空間と地政学

「保育園落ちた日本死ね!!!」

「保育園落ちた日本死ね!!!」と題したブログがネット上で大きな話題になっていることについて、二〇一六年二月二十九日の衆議院予算委員会で、民主党(当時)の山尾志桜里《しおり》議員が安倍晋三首相に認識を尋ねた。

安倍首相は「匿名である以上、実際に本当であるかどうかを、私は確かめようがない」と答弁した。予算委員会での安倍首相の答弁を知っても、別段、私に驚きはなかった。かねてから様々な媒体で指摘してきたように、この政権の反知性主義的体質を考えれば、十分に予想される反応だったからだ。

反知性主義とは、客観性や実証性を軽視もしくは無視し、自分が欲するように世界を理解しようとする態度を指す。「保育園落ちた」が、匿名のブログだったことは確かだ。しかし、厚生労働省のまとめでは、保育所への入所を希望していても入れない待機児童の数は、二〇一五年四月一日の時点で、二万三千百六十七人、六年連続で二万人を超えたままだ。

「一億総活躍社会」を掲げる安倍首相が、待機児童の実態を把握し、わが子を保育所に入所させることができなかった親の気持ちを思いやることができていたら、匿名を理由に、切り捨てるような答弁をしなかったはずだ。

この例に限らず、首相の国会答弁を見ていると、自分に批判的な質問に対しては、逆に質問で返す、感情的になる、「民主党政権時代と比較してよくなった」と答える、あるいは論点をずらす、などの対応が見られる。

まるで怖いもの、いやなものを前にした二、三歳児が、目を閉じることで脅威が消えたことにする、そんな幼児性さえ感じてしまう。自分が欲するもの以外は「ない」ことにしたい、反知性主義以外の何ものでもない。

また、民主党の山尾議員の質問中、議員席からは「誰が書いたんだよ」「ちゃんと本人を出せ」というヤジも飛んだ。

山尾議員が予算委員会で、待機児童問題の深刻さを国民や委員に広く認識してもらうために、フリップボードを用意していたが、与党に拒否された場面もあった。

「昔と違ってインターネットがある」

自分たちにマイナスになることは抑えこもうとする。安倍首相個人に限らず、政権全体が反知性主義に覆われているように思えてならない。一般社会であれば、たちまち信用を失いかねない振る舞いだ。ところが国政の場ではそれがまかり通っている。この不思議さは何に由来するのかを考えてみたい。

話を絞ってみよう。安倍首相は、インターネット上のブログに「匿名」で公開されたものだからという理由で、その信ぴょう性を疑った。そもそも首相はインターネットをどう捉えているのだろうか。興味深いエピソードを産経新聞が伝えている。二〇一五年夏、安保法制反対のデモが盛り上がりをみせていた頃のことだ。

〈一部メディアの（安保法制）反対キャンペーンが、予想以上に世論へ浸透する。安保関連法案を「戦争法案」とレッテル貼りし、「徴兵制が復活」「戦争に巻き込まれる」と不安をあおった。報道各社の世論調査で「今国会で安保関連法案を成立させるべきだ」との意見は最後まで広がらなかった。

それでも首相は動じなかった。周囲には強気でこう語っている。

「今は昔と違ってインターネットがある」〉

（産経新聞、二〇一五年九月十九日、丸カッコ内は引用者）

首相の言葉を、産経新聞は次のように解釈する。

〈いくら一部メディアが偏向報道を続けても、ネットで多種多様な意見に接する国民は冷静な判断を下すとみているのだ〉（同前）

この解釈には疑問がある。本当に国民がネットの「多種多様」な意見に接して「一部メディア」の偏向報道を疑っているのならば、むしろ世論は「冷静な判断」のもとに「今国会で安保関連法案を成立させるべきだ」という方向に傾いたのではないか。

メディアの「偏向報道」が世論に浸透するよりも圧倒的な速さと量で、「多種多様」な意見が往来するのがインターネットの世界なのだから、国民は公正・公平な見解にたくさん触れられたはずだ。

支持と批判の使い分け

安倍首相は、安保法制への反対が高まっていた頃、国民に「正しく理解してもらう」ため、インターネット配信のテレビ番組に出演した。言いたいことを遮《さえぎ》られることもなければ、マイナスになるような質問もない。映像が編集されることもない。画面には「安倍ちゃん　がんばれ」「自衛隊に感謝」など視聴者からのコメントが流れた。

首相の「インターネットがある」発言は、いわゆる「ネトサポ」（自民党ネットサポーターズクラブの略称）が自分を支持してくれているということなのだろう。そういう含意もあると考えるほうが自然だろうと思う。

いずれにせよ、待機児童の問題をめぐる首相の発言と、産経新聞が伝える首相の発言は矛盾する。自分を支持してくれるインターネット上の意見は「実際に本当」であり、批判的な意見は「本当か否かは確かめようがない」と、使い分けているのだろう。

政権とネット世論

とはいえ、首相のインターネット世論に対する考えは確固たるものでもないようだ。予算委員会での首相答弁は、ブログの投稿者と同じ悩みを抱えている人々の間で、大きな波紋を呼んだ。

〈ツイッターでは《#保育園落ちたの私だ》というハッシュタグ（検索ワード）ができ、議論が盛り上がった。《同じ悩み抱えてる人がたくさんいるからブログが広まった》《仕事だけでなく、親や子どもが外とつながる機会を持つ意味でも子どもを預けられることは大事》。投稿は相次ぎ、2千回以上リツイート（転載）されたものもあった。（中略）ネット上の議論の矛先は国会論戦の「中身のなさ」や「やじの多さ」にも向かう。1歳の男の子を育てる女性（36）は「ブログを読み、自分の首がもげるのではと思うくらいうなずいた。国会のやりとりを聞いていると、政府が本気で考えているとは思えない」と憤った〉

（朝日新聞デジタル、二〇一六年三月四日）

三月五日には、国会前で「保育園落ちたの私だ」というプラカードを掲げた当事者を中心とする抗議集会が開かれた。こうした動きを受けて、三月七日の衆院予算委員会で首相は、「政権交代前の倍のスピードで受け皿作りを進めている。保育士の待遇改善にも取り組みたい」と述べた。

三月二十八日には、政府の待機児童緊急対策が示されたが、首相が予算委員会で発言した保育士の待遇改善については具体的な前進が見られなかった。待機児童解消と保育士の待遇改善は一対のものとして考えられるべきだ。

これでは参院選の票目当ての弥縫《びほう》策と言われても仕方がないだろう。

「政権一転、ブログ『保育園落ちた』共感広がる」。三月九日の朝日新聞にはこんな見出しが載った。

「今は昔と違ってインターネットがある」ことは、首相にとって両刃の剣なのだ。

多種多様な意見の生まれ方

ここで話を地政学に戻そう。

現代の地政学において、人口、出生率、労働分野の問題が重要な要素の一つであることは確かだ。この章で、地政学との関連においてさらに注目したいのは、情報空間とのかかわりについてだ。インターネット上の「多種多様な意見」がどのように生み出されているのか。それは現政権との関係において、どのような性質のものなのだろうか。

情報通信革命（IT革命）は、世界で生じた根本的な変化の一つだった。

一九六九年末、インターネットは米国防総省の主導で誕生した。日本では九三年に商業利用が開始されるや、爆発的に利用者が増えた。九〇年代後半、検索大手ヤフーとグーグルが相次いで誕生し、二〇〇〇年代に入ると、ブログが流行し、フェイスブックやツイッターなど、人と人とのコミュニケーションを促進・支援するサービス「SNS」（ソーシャル・ネットワーキング・サービス）が普及した。

日本のインターネット利用者数は、一億十八万人で人口普及率は八二・八％。端末別のインターネット利用状況は、自宅のパソコン利用が約五四％、スマートフォンが約四七％（総務省『平成二十七年度情報通信白書』）。日本国民のほぼ全員がいずれかの形態でインターネットを利用していると言っても過言ではない。

ICT総研の調査によると、SNS利用者数は二〇一五年末で六千四百五十一万人。インターネット利用者のうち、フェイスブック利用率は三七％、ツイッターの利用率が約三七％、LINEの利用率が約五八％。

先に挙げたSNSのうち、匿名率が最も高いのがツイッターで、七六・五％。炎上のきっかけとなったSNSの約四〇％がツイッターだ（同前）。

「いいね！」と「炎上」

SNSの普及によって、「誰もが表現者」という傾向が加速した。情報通信白書によると、SNSを通じて積極的に情報発信（投稿）を行っているのは、利用者全体の一〇％に過ぎない。しかし表現者はこの一〇％だけではない。

SNS利用者の約半分が、他人の投稿を友人知人に拡散させている。受け取った情報を拡散するのは「いいね！」や「リツイート」を押すだけでいい。それだけで表現者になれる。それもまた意見表明の一形態だ。

では、何を基準に情報を拡散させているのだろうか。「情報の信憑性」を基準としているのは、二十代以下で一九％、三十代～五十代で二三～二五％、六十代以上で三七・九％、全世代平均で二三・五％、「面白いかどうか」を基準にしている人は全世代平均で四〇・四％、「情報に共感できるか」を基準にしている人が、四六・二％で最多だ。

つまりSNSの世界では、自分の「感情」が優先されるということがわかる。肯定的な拡散ならば、「いいね！」を山のように受け、情報の発信者は、ある分野のヒーローになることもあるだろう。逆に否定的な感情がどんどん拡散すれば「炎上」する。

感情が支配する公共圏

「炎上」が悪くて、「いいね！」の輪が広がることが良いと言いたいのではなく、こうした判断が「感情」優先でなされる、表現を変えれば、「感情の表現者」であることが重要なのである。

拡散とは、ある情報に対する価値判断が、友人知人を介してどんどん転送されることだが、炎上にしろ、共感にしろ、SNSでは瞬く間に拡散する。果たして転送されてきた情報を自分なりに吟味して拡散させている人がどれくらいいるのだろうか。

SNSは〝ソーシャル〟とあるように、ネット上の公共圏だと言っていい。そこでは、優しさ、癒《い》やし、笑い、怒り、憎悪、嫉妬……感情の言葉が支配的だ。

私は、外交官時代、ナショナリズムに関する言説が、より過激であればあるほど支配的なものになることを、身をもって知った。すると、それまでのスタンダードが上書きされて、より過激な言説が新しいスタンダードになる。それらを一切無視した形で外交交渉が組み立てられることはまずないと言えよう。

外交官時代の経験との類比で言えば、SNSというバーチャルな公共圏でも、感情の度合いが強ければ強いほど、影響力をもつのではないかと思う。

SNSの言葉は、企業のマーケティング戦略上でも、もはや無視することができない。どのような言葉がネットユーザーの心を摑むのか。検索されやすい単語は何か。炎上を防ぐための表現は何か——日々研究と分析が重ねられている。

それでも、SNSにテレビコマーシャルでのタレントの発言が不快だという投稿が拡散するや、たちまちネットで炎上し、コマーシャルは放映中止に追い込まれる。その損害は億単位に上ることだろう。企業にとってはイメージ的にも金銭的にもダメージを負うこととなる。

そうしたネット語法を踏まえた広告が、テレビや活字メディアに溢れ、日常会話もそれに影響されていく。「保育園落ちた」のブログに綴られた表現も例外ではない。ネットと実に親和的だ。

「なんなんだよ日本。一億総活躍社会じゃねーのかよ。昨日見事に保育園落ちたわ。どうすんだよ私活躍出来ねーじゃねーか」という文章は、感情を連ねた、ネット表現の見本のようだ。だからこそ、共感を得られたのだろう。

「空気」の上書き

SNSとその影響について、私はネガティブなことばかり言っているように思われるかもしれない。それはその通りだ。なぜなら、こうした感情が前面にせり出す情報空間が、一国の世論を形成し、国論へと巨大化し、ひいては外交を動かす要因にもなっていくことを嫌と言うほど知っているからだ。

たとえば、「SEALs《シールズ》」の活動はどうなのだろうか。学生たちがSNSでつながって、反安保法制運動の大きなうねりをつくり出したではないか――そんな反論もあるだろう。たしかに、デモを行い、反安保法制の世論形成に大きな役割を果たしたことは事実かもしれない。

しかし、リアルな公共圏に出てきた以上、戦後民主主義的価値を守るというのなら、新しい世代としてその価値をどう継承し、自分たち、そして将来世代の未来のために、どう発展させていくのか。徹底した議論でオルタナティブを示してみせるべきだったと思う。安保関連法が成立した後、既存政党と組んでの政治運動では、組織の思惑に利用され、旧来の価値観に呑み込まれるだけではないだろうか。公共圏での政治的な振る舞いを誤ったように思えてならない。

本来、リアルな公共圏での情報のやり取りや議論は、事実と論理に基づいて行われるのがルールだが、インターネットの世界と親和的な、論理や事実に重きを置かない語法と価値観が実際の暮らしの場に溢れだし、「そういう空気」によって事実が上書きされると、それがスタンダードになってしまう。

もはやネットと現実を区別して語ることさえ、一九八〇年代生まれの「デジタルネイティブ」が社会の中堅となったいまでは、意味をなさないのかもしれない。

反知性主義的な政権は、支持する者、反対する者、無関心な者が「共有」あるいは「シェア」する「そういう空気」のなかでこそ、成り立っていると言えるだろう。そして「そういう空気」を背景に、国際社会と向き合っているのではないか。

尖閣諸島の地政学的リスク

近年、有識者から、尖閣《せんかく》諸島は「地政学的リスク」と言われる場合も多い。一時期は中国との間で一触即発のところまで事態が深刻化した。

尖閣諸島は魚釣《うおつり》島、久場《くば》島、大正島など五島と三つの岩礁からなり、沖縄本島の西約四一〇キロ、石垣島の北西約一七〇キロ、台湾の北東約一七〇キロ、中国本土からは約三三〇キロに位置する。行政上は沖縄県石垣市に属している。

尖閣諸島は、琉球王国や中国歴代王朝にその存在が知られていたが、航路標識としての利用価値があったくらいで、古代からの日中間の歴史を概観しても、それ以上の重要な意味をもつ島嶼《とうしょ》だったとは思えない。

尖閣諸島をめぐる動きが見られるのは、近代に入ってからのことだ。

一八九五年、明治政府によって尖閣諸島を日本領とする閣議決定がなされた。

それまでの経緯に簡単に触れておくと、明治時代初期に沖縄に渡り、夜光貝や羽毛の輸出に携わっていた古賀辰四郎が、無人島だった尖閣諸島の開拓許可を申請。政府は現地調査を行い、日清戦争末期の九五年に中国（清）の施政権が及んでいないことを確認した上で、日本の領土とし、沖縄県に編入した。

一八九六年に開拓許可を得た古賀は、島に住宅や飲料水施設を整え、約五十人の移民を送り込んだ。島では鰹節の製造、アホウドリの羽毛や夜光貝の採取などが行われた。

ちなみに、尖閣諸島と名付けたのは、一九〇〇年に島の調査を行った、沖縄師範学校教諭の黒岩恒《ひさし》による。

第二次世界大戦で敗北した日本は、沖縄県の施政権を失った。沖縄県の一部だった尖閣諸島も米軍の施政権下に入った。一九七二年の復帰とともに、日本は尖閣諸島に対する施政権を回復した。

「棚上げ」問題の真相

中国が国際社会に対して、尖閣諸島の領有権の主張をしはじめたのは、日本への返還前年の一九七一年のことだ。中国外務省が「釣魚島（日本名・魚釣島）などの島々は台湾の付属島嶼で、台湾と同じように中国の領土の不可分の一部」という声明を発表した。

尖閣諸島は、この時点で地政学的な意味を持つことになった。

その理由については、しばしば報じられているが、一九六九年に作成された国連アジア極東経済委員会（現・アジア太平洋経済社会委員会）による報告書が、東シナ海の大陸棚に石油、天然ガスが豊富に埋蔵されている可能性に言及していたことが大きい。この海域に含まれていたのが、尖閣諸島だった。

日本と中国は、一九七二年に国交を正常化し、七八年に日中平和友好条約を調印した。尖閣諸島をめぐる問題で――尖閣諸島「領有権問題」と述べないのは、尖閣諸島は日本の領土であり、日本と中国の間にそもそも領土問題は存在しないという政府の見解に私も同意しているからだ――外交上の軛《くびき》になっているのは、国交正常化の共同声明を出す交渉過程、あるいは平和友好条約の交渉過程で、尖閣諸島についての問題を「棚上げ」する合意が日中間でなされたかどうか、日中で見解が食い違っていることだ。

七八年、来日した鄧小平《とうしょうへい》副首相（当時）が記者会見で「国交正常化の際、双方はこの問題に触れないことを約束した。今回、平和友好条約交渉の際も同じく、この問題に触れないことで一致した」と述べている。

駐在邦人のスパイ容疑

一九九二年、中国が領海法を制定し、尖閣諸島が自国の領土であることを明文化した。尖閣諸島問題が大きく焦点化するきっかけになったのが、民主党政権時の二〇一〇年、尖閣諸島周辺で違法操業をしていた中国漁船を、日本の海上保安庁の巡視船が取り締まろうとしたところ、漁船が船体を巡視船に衝突させてきた事件だ。海上保安庁が中国漁船の船長を国内法に基づき逮捕、送検したことで、中国側が態度を硬化。中国駐在の日本人がスパイ容疑で拘束される事件が起きた。

それ以前から、歴史認識や靖国神社参拝をめぐり、日中間には政治的、感情的対立が続いていた。そこへ、急速な経済成長で力をつけてきた中国に対する「脅威論」が論壇やネットに広がったのだ。

二〇一二年、尖閣諸島が国有化されると、中国では反日感情が高まり、大規模な反日デモや暴動が各地で起きた。中国は、日本が尖閣諸島についての「棚上げ合意」を一方的に破ったことがこのような事態を招いたと非難し、その後も中国の艦船や航空機による侵犯が続いた。

日中関係が冷え込む中、二〇一二年十二月の総選挙で自民党が政権の座に返り咲き、自民党総裁の安倍氏が首相に就任した。安倍氏は自民党総裁選の演説で「尖閣をめぐり、中国は野心を隠そうとしていない。真の意味で日本の安全を守るために憲法改正に挑んでいかないといけない」と述べた。

中国海軍のフリゲート艦が海上自衛隊護衛艦へ火器管制レーダーを照射する事件が起きたのは二〇一三年一月のことだ。これは艦艇や飛行機から砲弾やミサイルを発射する直前に標的の位置や速さをつかむために照射されるもので、攻撃を告げているのと同じことを意味する。まさに一触即発の事態だったのだ。

安倍首相のレーダー照射事件への対応が注目されたが、「国際社会のルール違反」と批判する一方で、「対話の窓口は閉ざさないことが大事だ」「中国こそ戦略的互恵関係の原点に立ち戻ってほしい」と、あくまで抑制的なものだった。

その後繰り返された、中国側による尖閣諸島周辺での侵犯に対しても抑制的な対応を続ける一方で、集団的自衛権の行使を容認する閣議決定を行い、安全保障関連法を成立させた。そして首相在任中の憲法改正を言明した。

論理に乏しいコメント

安倍首相は、法整備は着々と行ったが、終戦記念日に靖国参拝を行わず、戦後七十年の総理談話では自身の歴史観を盛り込むこともなかった。二〇一五年十二月二十八日には、韓国と慰安婦問題で合意したものの、日本側が求めた韓国の日本大使館前の少女像は撤去されそうにない。

こうしてみると、安倍首相には、自虐史観から脱却し、「本当の日本」を取り戻そうとする人々の自尊心を満足させるような行動＝「パフォーマンス」が、実は少ないのである。安倍首相の毅然とした対中政策、歴史観の披露を期待していた人々にとっては〝肩透かし〟ともいえ、彼らに「感情」のもって行き場はあったのだろうか。

安倍首相を支持する人たちのメンタリティーを推測してみるとこうなる。

二〇一六年四月十四日、公職選挙法違反容疑で逮捕された田母神《たもがみ》俊雄氏がそれを体現していると思う。田母神氏は、元航空幕僚長で現在は軍事評論家の肩書きで活動している。逮捕のきっかけになった二〇一四年の東京都知事選では既成政党の支持を受けられなかったものの六十一万票を獲得。ブログやツイッターなどネットを通じて盛んに情報を発信している。

フォロワー（ここでは、田母神氏の活動を追っている人）の数は、二〇一六年三月十五日から四月十六日までで、二十六万七千八十二人。世界ランキングが六千五百二十位というから、フォロワーの数は少なくない。これでも減少傾向にあり、最盛期はもっと多かったことだろう。フォロワーからは「閣下」と呼ばれる場合もある。

公式ブログ「志は高く、熱く燃える」を読むと、オスプレイの沖縄配備を支持する記事、漁船をチャーターして尖閣諸島領海内で集団漁業活動を行った記事が投稿されている。記事へのコメントが興味深い。言葉を拾ってみると、「駄政治家」「マスゴミ」「中国や韓国に反撃だ！」「安倍氏を支持する！！！」「米軍の基地をたくさん増やせば、日本は守られる」……。

二〇一三年八月十九日の記事のタイトルは「安倍内閣を支持しよう」。この記事につけられたコメントは、安倍政権を支持するもの、田母神氏の記事に疑問をつけるもの。なぜか「婚外子撲滅！」というコメントもある。

この章の前半で考察したとおり、つけられたコメントの中には、長文もあるが、やはり短文が多い。内容からは、安倍首相―田母神氏―読者やフォロワー、三者の心情が近いことがわかるが、論理に乏しく感情的な言葉を連ねたものが目立つ。

不快感を高めるナショナリズム

次に、日本と中国の十八歳以上の、思想・信条の異なる男女計千人にお互いの国の印象を尋ねた調査結果を見てみよう（第十一回日中共同世論調査）。二〇〇五年から日本の言論NPOと中国国際出版集団が共同で行っている世論調査だ。

中国に対して、「よくない印象を持っている」「どちらかといえばよくない印象を持っている」と答えた日本人は、二〇一四年で九三％、二〇一五年で八八・八％。日本に対して、「よくない印象を持っている」「どちらかといえばよくない印象を持っている」と答えた中国人は、二〇一三年で九二・八％、二〇一五年で七八・三％。二〇一五年度は両国ともやや改善している。

日本人が中国人に対して、よくない印象を持つ理由は、「歴史問題などで日本を批判するから」「資源やエネルギー、開発などの行動が自己中心的に見えるから」「国際的なルールと異なる行動をするから」「尖閣諸島を巡り対立が続いているから」の順に多い。

中国人が日本に対して良くない印象を持つ理由は「侵略の歴史をきちんと謝罪し反省していないから」「日本が魚釣島を国有化し対立を引き起こしたから」が突出して多い。

両国とも、自分たちのナショナリズムを刺激する分野で、相手国に対する不快感を高めていることがわかる。

先に、「反知性主義的な政権は、支持する者、反対する者、無関心な者が『共有』あるいは『シェア』する『そういう空気』のなかでこそ、成り立っていると言えるだろう」と述べた。

田母神氏のブログにコメントをつける人の心情、共同世論調査で明らかになった心情からは、尖閣問題、中国に関して醸成された「そういう空気」の内実が見えてくるのではないだろうか。

自壊する可能性

では、「そういう空気」は変わらないものなのだろうか。

田母神氏のブログ「安倍内閣を支持しよう」をもう一度読んでみると、八月十五日に靖国神社参拝をしなかった安倍首相について、アメリカからの自立ができるのは、「日本国民による磐石の安倍内閣支持態勢が出来上がったときだけである。今は、じっと我慢するべきところなのだ」と書き、支持を呼びかけた。

それに対して、「安倍晋三は大嘘つきで売国奴だった、ということで宜しいでしょうか」という読者のコメントがついている。

尖閣諸島周辺での、中国による挑発行為に抑制的な対応を続けてきた安倍政権だが、もし、そんな対応を、国内に向けた発言と対外的な行為が食い違っていると感じた安倍首相支持者が、この読者のコメントのように評価を逆転させたとしたらどうだっただろう。感情は移ろいやすいものだ。政権は内側から崩れていったかもしれない。些細なきっかけで自壊する可能性はあるのだ。

これはあくまでも仮定の話だが、感情が支配的になった世論の脆弱性が窺えるだろう。別の言い方をすれば、社会の弱体化だ。社会が弱くなれば国家も弱くなる。感情をぶつけあうだけでは、何も生まれない。

地下資源が与えた地政学的意味

情報通信革命によって、私たちの生活の基盤は大きく変わった。

「誰でも」「どこでも」「瞬時に」というインターネット社会では、時間がどんどん加速し、スタンダードとされる価値の交替サイクルも早くなっていく。そんな現状で、インターネットに誕生した公共圏もますます重みを増していく。

最近は、写真をつぶやくかのように投稿するインスタグラムが人気で、ユーザーの満足度も高い。文字ではなくイメージに共感する。「直感」「直観」が重視されているのだ。こうした姿勢は、一九三〇年代の危険な政治モデルに先例を求めることができる。

だからこそ、そこにおいて論理と事実に基づいた議論を行うことを担保できるような仕組みをつくりたいものだ。社会を強くするのは冷静な議論を重ねるほかはない。

物事の変化が加速する一方の世界においても、地政学の祖マッキンダーが述べたように、「地形はほとんど変化していない」。

古来、航路標識代わりの島だった尖閣諸島は、近代になって商業利用され、地下資源が埋蔵されている可能性が指摘されたことで、地政学的な意味を帯びた。

さらに歴史認識や安全保障などを争点に、インターネットを介して爆発的に高揚した日中双方のナショナリズムを背負う島になった。

こうして尖閣諸島は「地政学的リスク」になったのだ。

第五章

国家統合と地政学 〜沖縄編〜

昭和天皇と沖縄

この期《ご》に及んでも、日本の中央政府は、米海兵隊普天間飛行場の移設先は新たに建設する辺野古新基地以外の選択肢はないと言う。

二〇一四年、辺野古への新基地建設反対を公約にした翁長《おなが》雄志《たけし》・沖縄県知事が誕生した。同年の名護市長選、衆院選においても、辺野古新基地建設に反対する候補者が当選し、すでに県民の意思は明確に示されているというのに、だ。

日米両政府による普天間飛行場の返還合意から二十年。辺野古移設計画をめぐる国と県の訴訟合戦は、和解したものの一時しのぎに過ぎず、日本の中央政府と沖縄県の間で、かつてない緊張状態が続いている。

本土メディアも世論も、沖縄に対して無関心だ。その理由はどこにあるのだろうか。

二〇一五年三月から『昭和天皇実録』の刊行がはじまった。その前年の一四年九月九日、宮内庁は、二十四年かけて編纂した「昭和天皇実録」の内容を公表した。翌日の新聞はそろって「昭和天皇実録」の内容とその意義について論じていた。

朝日、読売、毎日、産経の各全国紙は、それぞれ昭和天皇に対するスタンスの違いはあるものの、「実録」そのものに対する見解は似たようなものだった。

その中で出色だったのが、沖縄県の地元紙・琉球新報の社説だ。この論説には、現代の地政学的思考へとつながってゆく視点が埋め込まれているからだ。

ポイントになる箇所を読んでみよう。

〈昭和天皇との関連で沖縄は少なくとも3回、切り捨てられている〉

（琉球新報社説、二〇一四年九月十日）

最初の切り捨てと指摘するのが、一九四五年三月二十六日からはじまった沖縄戦だ。太平洋戦争中、米軍との間で日本国内唯一の地上戦が戦われ、十二万二千二百二十八人の沖縄県出身者の命が失われた（死亡者数は、沖縄県援護課による）。

〈近衛文麿元首相が「国体護持」の立場から1945年2月、早期和平を天皇に進言した。天皇は「今一度戦果を挙げなければ実現は困難」との見方を示した。その結果、沖縄戦は避けられなくなり、日本防衛の「捨て石」にされた。だが、実録から沖縄を見捨

てたという認識があったのかどうか分からない〉（同前）

二回目の切り捨てが、一九四五年七月、近衛文麿を天皇の特使としてモスクワに派遣し、ソ連に和平交渉の仲介を依頼しようとした際の、和平交渉案にある。

昭和天皇がこの和平交渉を認めたのは、前月の六月二十二日。同日は、沖縄において日本軍が組織的戦闘を止めた日だった（一般に牛島満司令官と長勇参謀長が自決したのは二十三日とされ、沖縄県はこの日を慰霊の日としているが、私は大田昌秀氏の実証研究に基づき二人の自決は前日の二十二日が正しいと考える）。沖縄戦で「今一度戦果を挙げ」られなかったことが明らかになっての決断だったのか、それとも偶然、この日だったのか。「実録」は黙して語らない。

〈作成された「和平交渉の要綱」は、日本の領土について「沖縄、小笠原島、樺太を捨て、千島は南半分を保有する程度とする」として、沖縄放棄の方針が示された。なぜ沖縄を日本から「捨てる」選択をしたのか。この点も実録は明確にしていない〉（同前）

三回目の切り捨てが、敗戦後の一九四七年九月、昭和天皇が宮内庁御用掛《ごようがかり》・寺崎英成を通じて、アメリカのシーボルト連合国軍最高司令官政治顧問に伝えた、米軍による軍事占領の継続を希望した「天皇メッセージ」だ。

〈天皇は47年9月、米側にメッセージを送り「25年から50年、あるいはそれ以上」沖縄を米国に貸し出す方針を示した。実録は米側報告書を引用するが、天皇が実際に話したのかどうか明確ではない。「天皇メッセージ」から67年。天皇の意向通り沖縄に在日米軍専用施設の74％が集中して「軍事植民地」状態が続く。「象徴天皇」でありながら、なぜ沖縄の命運を左右する外交に深く関与したのか。実録にその経緯が明らかにされていない〉（同前）

社説は、この三つの局面で発せられた天皇の肉声を知りたいと書く。なぜならば、「沖縄に関する限り、昭和天皇には『戦争責任』と『戦後責任』がある。この点をあいまいにすれば、歴史の検証に耐えられない」からだ。

明治政府の琉球処分

論理的に考えれば、この社説の結論に至るのは当然のことだ。そのうえで、私はこれら「三回の切り捨て」に、次に述べる「三回の強制」を加えたい。

一回目の強制は、明治政府によって行われた琉球処分だ。一八七二年、明治政府は独立国だった琉球王国を、外務省管轄の琉球藩とした。七年後の一八七九年、沖縄県を設置。かつての琉球王国は日本の領土とされた。

沖縄県設置までの一連の過程は、日本側による強権的かつ一方的なものだった。

日本史の教科書にも記述されている「琉球処分」だが、一九七二年、明治政府の大蔵大臣・井上馨《かおる》が、日本国内で断行した藩籍奉還と同じように、琉球王国に対しても藩籍を奉還させるべきではないかとの申し立てを行った。

「処分」という言葉は、井上の建議に、正院（明治政府の最高政治機関）が賛成し、「如此曖昧の事匡正《きょうせい》せざるべからず。之を処分する如何して可ならん」（中国と冊封関係にある琉球王国の位置づけが曖昧だから、はっきりさせる必要がある。琉球王国を日本の領土にするにはどのような処分をすればいいか）と、外務省に下問した文書に見られる。また処分官の松田道之も「琉球処分」と題する報告書を残している。

起こらなかったかもしれない悲劇

二回目の強制が、沖縄戦における民間人の集団自決だ。沖縄戦での敗色が濃厚になり、戦火を逃《のが》れて避難していた民間人に対し、日本軍が自決を強要した――これが事実か否か、この稿では論じないが、一点だけ触れておく。

自決命令を出したとされる当事者や遺族が二〇〇五年、日本軍の強制による集団自決に触れた『沖縄ノート』の著者、大江健三郎氏と版元の岩波書店を相手どり、名誉毀損で大阪地方裁判所に訴えた。

地裁判決は「大江の記述には合理的な根拠があり、本件各書籍の発行時に大江健三郎等は（命令を）真実と信じる相当の理由があったと言える」（丸カッコ内は引用者）と名誉毀損の成立を否定した。二〇一一年、最高裁においても原告側の訴えは棄却された。

私の母は、沖縄県久米島の出身で、那覇の女学校時代に沖縄戦を迎えた。十四歳だった。軍属として、戦場を転々とした。四五年七月、摩文仁《まぶに》の丘の壕に兵士たちと潜んでいたが、米兵に見つかった。母はその米兵と目が合ったという。とっさに手榴弾で自決しようとしたが、隣にいた伍長が両手を上げて降伏の意思を示し、自ら命を絶たずにすんだ。

母の場合は日本の軍人に命を救われた形だが、ひめゆり学徒隊の悲劇を例にあげるまでもなく、沖縄でいくつもの集団自決があったことは確かだ。これは、琉球新報社説が述べる「最初の切り捨て」と、私が加えた「一回目の強制」がなければ、起こらなかった可能性が高い。

強制接収された民間地

三回目の強制が、戦後、米軍統治下で行われた「銃剣とブルドーザー」による、民間人が所有する土地の接収だ。強制接収された農地や家屋があった土地は、米軍の基地へと変貌した。

たとえば、沖縄県公文書館のサイトでは、現在の宜野湾《ぎのわん》市伊佐浜《いさはま》地区での米軍による土地接収の様子が読める。

〈伊佐浜の水田は収穫量も多く、戦前から「チャタンターブックヮ」（北谷のたんぼ）と呼ばれる美田が広がっていました。戦時中も米軍の土地接収からまぬがれ、戦後もかつてのように稲が植えられていました。
米軍は1954（昭和29）年12月に住民へ立ち退きを勧告しましたが、翌年1955年3月11日、武装兵とブルドーザーを出動させ、約3万坪の土地を接収しました。また3月14日には、伊江島の真謝でも約300人の武装兵が島に上陸し、家から住民を追い出した後、13戸の家屋をブルドーザーで破壊して焼き払い、10万8千坪の土地が米軍に接収されました〉

（沖縄県公文書館のウェブサイト）

同年七月、米軍はさらに伊佐浜の十万坪の土地を接収すると通告し、三十二戸、百三十六人の住民が土地と家屋を失った。

「この土地の強制収容は県民に大きな衝撃を与え、米軍の占領支配への抵抗運動として『島ぐるみ闘争』へと発展していきました」と記している。

一九五四年といえば、サンフランシスコ平和条約が発効して日本が主権を回復してから二年が過ぎた頃だ。本土では米軍基地撤去を求める運動が高まっていた。五六年、日本本土に駐留していたキャンプ富士、キャンプ岐阜の米海兵隊が沖縄に移転した。こうして、日本の在日米軍専用施設の七四%が沖縄に集中する現在の状態へと至ったのだ。

地政学的な補助線

さて、ここまでが現代の地政学について考えていくための準備だ。琉球新報の社説に言う「三回の切り捨て」に「三回の強制」という補助線を引くと何が見えてくるのか。

読者は「国」と聞いて、何を思い浮かべるだろうか。人それぞれだとは思うが、現代の世界の国々の多くは「国民（民族）国家」を基本形として成り立っている。

では、国民国家の定義は何か。

広辞苑では、次のように説明されている。

「主として国民の単位にまとめられた民族を基礎として、近代、特に一八～一九世紀のヨーロッパに典型的に成立した統一国家（後略）」

わかったようでわからない。それは、ここでいう「国民」（ネーション）には、同時に民族という意味があるからだ。国民とはどのような人々の集まりなのだろうか。それは、長い期間にわたって、同じ言語を話し、文化、習慣を共通の伝統として育み、かつ経済、政治、社会生活を共有してきたと信じる、あるいは想像する人々の集まりだと考えていいだろう。

そのような人々の共同体を基盤として成り立っている国家が「国民国家（ネーション・ステイト）」とされる。

つまり、同質性の高い集団である民族が前提とされている。その意味で人種の坩堝《るつぼ》と言われるアメリカ合衆国は、国民の統合に失敗したのかもしれない。現在のアメリカ大統領選でそれぞれ支持を集める、共和党候補のドナルド・トランプの描く白人の国アメリカと、民主党候補のバーニー・サンダースが描く社会民主主義的なアメリカの距離はあまりにかけ離れていることが、それを象徴していると思う。

第一章で述べたように、ソ連もサラダボウルの中でさまざまな民族が融け合うことなく、社会主義イデオロギーという強烈なドレッシングで味付けされ、連邦として保たれていたのだ。

可視化された富国強兵

日本は、近代国家へと歩み出す過程で、日本の領域に住んでいる人々を「国民」に変え、「国民国家」を築いていくために、明治政府によってさまざまな施策が行われた。

義務教育や徴兵、徴税もそうだが、明治維新のスローガン「王政復古」がもっとも象徴的だろう。古代から連綿と続いてきた天皇を中心とした政体づくりだ。

一八八九年に交布された大日本帝国憲法には、第一条「大日本帝国ハ万世一系ノ天皇之ヲ統治ス」、第三条「天皇ハ神聖ニシテ侵スヘカラス」とある。

このように明文化すれば、国民がたちどころに、天皇を条文に謳われたように仰ぐというわけではない。

憲法公布の十五年以上前から、日本各地への明治天皇の巡幸、皇太子（後の大正天皇）をはじめとする皇族の巡啓が繰り返し行われた。目的は、ビジネスの現場で関係者にプロジェクトの目的や問題の共有を容易にするために行う「見える化」だと考えればわかりやすいだろう。

天皇や皇族が国民に「見られる」ことによって、国の隅々まで支配者と政治体制が変わったことを周知させ、その権力の正当性を認識させるのだ。

戊辰《ぼしん》戦争で最後まで政府軍に抵抗した東北の旧諸藩の地を訪れる目的は、「頑愚ノ旧夢ヲ嗅覚シ、開明ノ曙光ヲ認見セシムル」（東北の民に、いまだ頑で愚かな昔の夢を見ていることに気づかせ、新しい時代の幕開けを認めさせる＝「全国要地巡幸の建議」）とされた。

「富国強兵」により西欧列強に伍《ご》する国をつくるというプロジェクトを達成するための

「見える化」だ。

全国各地の住民は、訪れた天皇や皇族を「見た」という体験を他の人々と共有することで、次第に国民という意識を身体化させていく。

大正天皇は皇太子時代に日本各地だけではなく朝鮮を訪れた。昭和天皇も皇太子時代に日本統治下の台湾を訪れている。

日本は神武《じんむ》天皇による建国以来、血統が絶えることのない天皇を頂点に戴くという形で国民は民族意識を養い、戦時や危機に際してナショナリズムを発揚する素地を整えていった。

国民国家としての日本

沖縄県も、米国統治の二十七年間を除き、日本という国民国家の一員だ。ところが、明治、大正、昭和天皇ともに、沖縄を訪れていない。

「一回目の強制」で確認したとおり、琉球王国は、日本への編入を強いられたのだ。

琉球王国は、十五世紀初頭の一四二九年、尚巴志《しょうはし》が沖縄本島を統一し、父の尚思紹《しょうししょう》を王位につけた。第一尚氏《しょうし》王朝の成立だ。ところが一四六九年、内間金丸《うちまかなまる》が王位を奪い、翌年、尚円《しょうえん》として即位。第二尚氏王朝が発足した。一六〇九年、薩摩藩による武力侵攻を受け、政治的圧迫、経済的搾取を受けたが、王制も中国との冊封《さくほう》体制も存続した。

日中両属という複雑な政治状況の中であっても、独自文化が花開き、一六二三年には、古くから沖縄の島々に伝わる歌謡の集成『おもろさうし』の編纂が完結した。

沖縄の人々の精神世界は、海の彼方の楽園からやって来るとされるニライ・カナイの神への信仰、共同体ごとの聖域である御嶽《うたき》を中心にした祭祀など、日本本土とは異なっている。

言語も、学問的には日本語に属するが、日本本土方言と琉球方言として大別されている。その琉球方言も沖縄方言、奄美方言、宮古方言、八重山《やえやま》方言、与那国《よなぐに》方言に分類される。いわゆるウチナーグチでの話は、日本本土の人間には理解することができない。

こまごまと述べてきたのは、沖縄の人々にとっての統治者は、尚氏王家だったのであり、独自の文化、信仰、言葉を持っていた、ということを強調したかったからだ。

国民国家の定義を思い出してほしい。そこでは均質性が求められる。国民国家としての日本を考えた場合、沖縄が明らかに異なっていることがわかるだろう。

天皇神話を共有しない

沖縄県出身者で初めて芥川賞を受賞した、大城立裕《おおしろたつひろ》さんが一九八七年に刊行したエッセイ集『休息のエネルギー』の中にこんな一文がある。少し長くなるが、ここまで述べてきたことを、ユーモアを交えて綴ってあるから紹介したい。

〈テレビ映画『水戸黄門』は全国いたるところを旅していて、おそらく全国の各地から観光宣伝をかねて引張り凧だろうと思うが、「沖縄だけには来れないだろうなぁ」というのが、私のひそかないたずら心であった。それを面白半分に話していたら、噂によれば、東京のキー局が沖縄へ派遣しようかと言ったのを、沖縄のネット局が、幾らなんでもそれは無理だと答えたという話を聞いた。

なぜ、水戸黄門は沖縄へ来れないか。まず、「この紋所が目に入らぬか」というさわりがどうしてもサマにならないのだ。琉球王国を舞台にしてストーリーをつくるとして、最後の場面で一番肝腎なこの見えを切ったとする。なみいる相手は怪訝な顔をして、「ウレー　ヌーヤガ?」（それは何だ?）と問うに違いない。ここで水戸黄門はずっこけ

てしまって、ヒーローにならなくなる〉

（大城立裕『休息のエネルギー』）

大城さんは問いかける。琉球王国では、薩摩のことは知っていても、その背後にある徳川幕府あるいは「『徳川』という観念を知識として持っていた人間は、はたしてどれだけいただろうか」と。

〈琉球王国の国民には、「御主加那志前《うしゅがなしーめー》」つまり国王さまだけが国の象徴であって、それ以外はまるで神格化されるべきものではなかった〉

（同前）

大城さんは「『徳川』という観念」の背後に、徳川家を征夷大将軍として権威づけた、天皇を見ていたのだと思う。「神格化」という言葉遣いに、そんな思いを感じた。

踏み込んで言えば、沖縄は日本本土と、天皇神話を共有していないのだ。

明治政府はその点を認識していた。ただし、非常に差別的な観点からである。

薩摩藩出身で、明治政府では外務省に出仕して琉球藩在勤だった伊地知貞馨《いじちさだか》の報告書を読んでみよう。

〈何分海中の孤島、是迄鹿児島・清国へ致往来候までにて、是迚も御来致候者共、人別に並し候得ば、百人の一人に不過、兼ての聞見狭く一小島を以自ら足れりと致候気味有之、一体温柔遅鈍の資質、曽て激発卓越之者無之、偏固狭少旧法を致墨守候風俗〉

（『日本外交文書第六巻』）

要約すると、琉球は海の小島で日本と中国に両属し、どいつもこいつも視野狭窄《きょうさく》で、この島で事足れり、としているようだ。ふにゃふにゃしていて鈍く、飛び抜けて秀でた人物もいない。暮らしぶりも頑《かたく》なに昔からのやり方にしがみついている、ということになる。

また、「一回目の強制」の琉球処分で触れた、井上馨の建議に対して、左院（明治政府の立法機関の一つ）は「琉球王国主は乃《すなわ》ち琉球の人類にして国内の人類と同一には混看すべからず」、つまり、琉球王国王と日本人をごちゃ混ぜにして見るな、と応じている。この場合の「人類」は別人種というのではなく、歴史的、社会的背景が異なる人間と解釈するべきだろう。

本体利益のため末端を切り捨てる

幕藩体制の国家から、明治政府が統治する国民国家への体制移行のためには、藩主に領地と領民（藩籍）を新政府に返上させて、国際社会に通用する統一国家の体《てい》を整えることが急務だった。

琉球王国を日本の領土として確定するためには、日中両属の状態を解消する必要がある。幕藩体制とは異なる政体である琉球王国と、別の「人類」である琉球王国王の尚氏に藩籍奉還をさせようにも、そもそも藩ではないから、手続き上、無理がある。そこで一八七二年、琉球藩を設置し、尚泰《しょうたい》を藩王とし華族に列した。その後、中国（清）との断行を藩王に迫り続け、一八七九年、明治政府は武力を背景に、王府だった首里《しゅり》城を明け渡させ、沖縄県を設置したのだ。

話は遡るが、一八七一年、台湾に漂着した宮古島の漁民が殺害された事件から三年後、明治政府は台湾に出兵、清に琉球人が日本人であると認めさせた。

後年、清に対して日本側に有利な条約を結ぶための交換条件として、明治政府は宮古・八重山諸島を清に譲る提案をした。清は一旦、その提案を受け入れたものの、その後、清側の事情が変わり立ち消えになった。
宮古の島民殺害を利用して、清に琉球人を日本人と認めさせたにもかかわらず、明治政府の交渉案からは、琉球を同胞と見なしていないことがわかる。幻に終わった切り捨てだ。本体の利益のために、末端を切り捨てる。こうした態度は、「三回目の切り捨て」と重なって見えてくる。
補足として、アメリカも日本本土の沖縄に対する差別的な眼差しに気づいていたことを指摘しておこう。一九四四年、沖縄戦と沖縄占領を想定して、米海軍がまとめた「琉球列島に関する民事ハンドブック」の記述だ。

〈島民は日本人から民族的に平等だとは見なされていない。琉球人の粗野な振る舞いから日本人は「田舎から出てきた貧乏な親せき」として扱い、いろいろな方法で差別している。一方で島民は劣等感を持っていない。むしろ島の伝統に誇りを持っている。琉球人と日本人との関係に固有の性質は潜在的な不和の種であり、政治的に利用出来る要素を作ることができるかもしれない〉

（『民事ハンドブック』和訳編は沖縄県立図書館史料編集室編）

このハンドブックは、民事にあたった米軍関係者からは、実務上あまり役に立たなかったという報告もあるが、観察は的確で、日本の中央政府や本土メディアの冷淡さを考える時の参考になる。

帝国主義国としての普遍化

琉球王国は、日本本土とは全く異なる形で、国民国家の中に組み込まれた。民族が紡《つむ》いできた物語が異なるがゆえに、天皇は沖縄に行幸する必要はなかった。その意味で、沖縄県だけが「天皇不在」のまま、皇民化が進められた。

国民に国家の物語を共有させることで、国家に対する忠誠心を育て、教育を通じて読み書き能力を身につけさせ、ある者は官僚に、ある者は生産現場に、それぞれの持ち場で生産性と効率を上げる。そして、国民皆兵のためにも共通の言葉と読み書き能力は必須だ。同質性を高めた男子を徴兵して国家拡張のためのエンジンとした。

別の言い方をすれば、帝国主義国としての普遍化を国内に対して行ったのだ。普遍化の地ならしを進める過程で、ゴツゴツした石が最も多くあったのが、沖縄だったと言えるだろう。

無理やり地ならしした異質なものを包含して、国民国家・日本は、帝国主義がゲームのルールになっていた国際社会に踏み出していったのだ。

国民国家・日本の誕生を述べるのに、ここまで紙幅を費やしたが、ここが、沖縄に対する「三回の切り捨て」と「三回の強制」の遠因、いや、原点なのだということがわかってもらえたのではないだろうか。

台湾海峡、朝鮮半島有事との関連

「太平洋の要石」――。戦後、米軍は極東戦略の中核として、沖縄をこのように位置づけた。まさに地政学上の要衝《ようしょう》である。

「基地の中の沖縄」とも呼ばれるが、復帰から現在に至るまで、沖縄が強いられた重い基地負担は日本本土との比較においてはむしろ変わっていない。

一九五〇年代の朝鮮戦争、六〇~七〇年代のベトナム戦争、米ソ冷戦期、沖縄は戦地への発進基地として使われた。米軍の視点からすれば、地政学上の利用価値は高かっただろう。

その位置づけは、変わることはないのだろうか。

米軍普天間飛行場移設に伴う、辺野古新基地建設が焦点になっている現在、日本の中央政府は、中国の海洋進出、台湾海峡有事への備え、北朝鮮の軍事挑発による朝鮮半島の情勢不安などを鑑《かんが》みれば、抑止力を担保するために、辺野古移設は必要だと説明する。

つまり、普天間飛行場の県外移設、あるいは国外移設によって、沖縄に駐留する海兵隊の戦力が低下することはもってのほかだと言っているのだ。

しかし、考えてみてほしい。現在の在沖米軍は、有事対応能力はあるだろうが、抑止力になっているのだろうか。中国が尖閣諸島周辺の領海、領空を艦船や航空機で侵犯していること、日米安保体制下にある自衛隊の護衛艦に、火器管制レーダーを照射したことについて、どのような説明をつけるのだろう。

即時対応できる距離にある西沙《せいさ》諸島には中国によってミサイルが配備され、南沙諸島では人工島が作られていることについて、どう説明するのか。

在沖米軍の兵力のうち、最大の兵力が海兵隊だ。沖縄県が発表した二〇一一年の「基地の概況」によると、海兵隊軍人は一万五千三百六十五人。空軍軍人は六千七百七十二人、海軍軍人三千百九十九人、陸軍軍人千五百四十七人となっている。

アメリカ海兵隊は海外での戦闘を前提とした部隊で、揚陸艦《ようりく》に乗って上陸作戦を行うほか、普天間飛行場ではヘリコプターや、二〇一五年に配備され、事故の懸念が高いオスプレイを運用していることからわかるように、航空作戦も展開できる。

しかし、沖縄に駐留する海兵隊員を輸送する揚陸艦は、佐世保に配備されている。有事の際には、佐世保から揚陸艦がやってきて、沖縄で海兵隊員を乗せ、戦地へ向かう。このような非効率な配備がなされているのが現状だ。

兵員数も含め、十分な戦力にはならない、あるいは海兵隊の役割が変わりつつあり、それに伴い、沖縄の戦略的価値の低下を指摘する軍事専門家もいる。

沖縄の地政学的価値

二〇一二年、当時の森本敏《さとし》・防衛相が、退任の記者会見で次のような見解を述べた。米軍は再編計画の中で、海兵隊を地上、航空、支援部隊の三つを統合的に運用しようとしており、沖縄にもMAGTF（海兵空地任務部隊）を置こうとしていると前置きして、「地政学的に言うと、沖縄でなければならないという軍事的な目的は必ずしも当てはまらない」。これには、日本の西半分のどこかにMAGTFを配備できればいいという条件をつけた。

しかし、沖縄以外の日本の西半分のどこかにＭＡＧＴＦを置けるかというと「政治的にはそうはならない」。すると、ＭＡＧＴＦが置けて、訓練を行える場所は、「政治的に許容できるところは沖縄にしかないので、軍事的には沖縄でなくてもいいが、政治的には沖縄が最適だという結論になる」と結んだ。

軍事的な意味で沖縄の地政学的価値が低下していることを認めたため、これまでの中央政府の沖縄抑止力論を瓦解させたが、沖縄に基地を押しつけ続けることは「政治的に許容できる」と言う。

この認識こそが、構造化された差別なのだ。そのことに気づかず、公言することで差別が再生産される。

沖縄は、地上戦で多大な犠牲を強いられた上に、米軍に占領され、二十七年間の統治の間に「基地の中の沖縄」と言われるような状態にされてしまった。

つまり、切り捨てと強制の果てに生じた既成事実の上に、日米安保条約という大きな傘をさし、日本の中央政府はそこに雨宿りしているという構図だ。辺野古新基地建設という形でこれからも雨宿りを続けようとしている。その大きく重い傘をさしているのは沖縄なのに沖縄は傘の外で雨にさらされ続けている。

日本の中央政府と沖縄の関係は、明らかに非対称だ。そうであるにもかかわらず、中立性を建前に本土メディアも、中央政府の「政治的な許容」という方針を無批判に伝えているのである。

沖縄が負わされた地政学的価値の意味が変わったことがわかるだろう。いや、中央政府の地政学的本音が見えてきたと言ったほうが適切かもしれない。

日本の「外部」として利用

国民国家として統一されても、「おらが村」的な意識は深層に流れ続け、何かの折に表出するものだ。テレビバラエティ『秘密のケンミンSHOW』は、そんな意識を微妙にくすぐるから、長年人気があるのだろう。

安倍首相は生まれも育ちも東京だが、山口県は祖父・岸信介の郷里であり、自身の選挙区でもある。二〇一二年、山口県にある岸信介の墓参時に「私も祖父と同じ信念と決断力を持って、長州出身の政治家として恥じない結果を出していきます、という報告をいたしました」とコメントした。言うまでもなく、長州は明治維新の立役者だ。自分をその系譜上に置いて語っている。

一方、東北、岩手県出身で大正時代、「平民宰相」と呼ばれた原敬《はらたかし》は「明治維新の賊軍の汚辱をそそぐのが自分の政治家としての目的だった」と述べている。森本氏がMAGTFを置ければいいと言った日本の西半分は、近代史の中で明治政府以降の政治権力に親和的だ。

もし、日本の西半分のどこかに、MAGTFを置く新基地を建設しようとすれば、政権は求心力を失うだろう。森本発言からわかるように、理屈の上では成り立っても、中央政府にそのつもりはないのだ。

翁長沖縄県知事から「上から目線」と批判された、菅義偉《すがよしひで》官房長官の「米軍基地建設は粛々と進める」発言からも、その意思が十分に窺える。

日本本土、あるいは中央政府にとって、地政学上、つまり字義どおり地理的、政治的に、切り捨てても強制も容易なのが、日本にとっての外部である沖縄県なのだ。

情念を揺さぶる言葉

辺野古新基地建設移設に反対するなら、普天間飛行場が固定化してもいいのか――。中央政府は、沖縄の民意に対してそう恫喝《どうかつ》してくる。沖縄県が基地を誘致したわけではない。

これまで概観してきたとおり、明治以降の中央政府による差別的な沖縄政策が招いたのだ。二〇一四年十一月十六日、沖縄県知事選では、「イデオロギーよりアイデンティティー」を前面に掲げ、辺野古新基地建設反対を公約に「オール沖縄」で臨んだ翁長雄志氏が当選した。

翁長氏は、保守政治家で前職は那覇市長だった。

翁長氏陣営が県知事選のために立ち上げたウェブサイトにある、選挙公約のページタイトルは「オナガ雄志　ひやみかち!」とつけられている。「ひやみかち」とは、気合を入れて頑張るという意味だ。

公約が箇条書きされ、その下に決意表明文が掲載されている。翁長氏の言う「イデオロギーよりアイデンティティー」とはどのようなものか。

〈私達は、もうこれ以上「基地」を挟んで左右に分かれる必要はないのです。苦渋の選択を強いられる必要もないのです。沖縄では、もはや保守が革新の敵ではなく、革新が保守の敵でもありません。いたずらに保革の対立を煽る手法はもう過去のものなのです。

私達は、これまで相反していた「経済と生活」「平和と尊厳」を県民一人一人が手にすることができるようになりました。このことをしっかりと自覚した上で「我々が試される」のならば、今こそ、「負きてぇならん。うしぇーらってぃならん。なまどぅ　うちなー」の心意気のもと、誇り高きアイデンティティーにかけて、明確な意思を示さなければなりません〉

（オナガ雄志オフィシャルＷＥＢサイト）

次の文章も合わせて読んでみよう。

〈（中央政府による「オール沖縄」切り崩しに屈し）ただただ頭を垂れるだけの県選出国会議員と、その傍らで、ほくそ笑む権力者という、屈辱的な構図は、かつての琉球処分を想起させ、県民の脳裏に悲しい記憶を刻みました。分断統治は植民地支配の常套とばかりに、県民に、次々と踏み絵を踏ませ、権力は、ついに、その本性を露にしてきたのでした。

しかし、どんなに強権が発動されようとも、私たちは、絶対に、ここで、屈してはなりません。これまで何百年にわたって先人達が、散々、なめさせられてきた苦汁。その苦しみに比べれば、今の私達の苦労は全く大したものではありません〉

（同前、丸カッコ内は引用者）

翁長氏は、植民地支配者の得意技である「分断して統治する」という手法に翻弄されてきたことを認め、そこからの脱却を呼びかける。

「負きてぇならん。うしぇーらってぃならん。なまどぅ　うちなー」という、ウチナーグチ（沖縄方言）の部分に注目してみよう。「負けてならない。なめられてはならない。いまこそ、沖縄」となる。

言語は、そこに暮らす人のアイデンティティー形成に大きく関与する。ウチナーグチは、戦前、特に昭和初期の皇民化教育の過程で使用を禁じられ、学校で生徒がウチナーグチを使うと、罰として方言札《ふだ》を首からぶら下げさせられた。

沖縄人が声に出して読めば、理屈を超え、情念を揺さぶられるだろう。「三回の切り捨て」と「三回の強制」の記憶と結びつき、さらに、琉球王国の歴史へと遡っていく。

保革という旧時代的な対立を乗り越えるという、新しいアイデンティティーの構築と、歴史によって形成されたアイデンティティーの両者が結びついて、新しく形成されつつあるアイデンティティーが「オール沖縄」だと思う。

ナショナリズムの感情

辺野古新基地建設の出口は見えていないが、中央政府が基地建設を「粛々と進め」ようにも、進められなくなった背景には、地政学的に見て沖縄に有利な点があることだろう。明治政府にとって、琉球王国を日本に統合する阻害要因が、現在の中央政府に向けられた刃にたやすく転化できたのだ。

大城立裕さんが書いたように、沖縄人には、水戸黄門の印籠にひれ伏す用意がないのだ。日本本土と共通の神話を持たないことの強みである。先に述べた「天皇不在」の「国民」化教育は、琉球処分の完了を起点にしても百三十七年余りに過ぎない。

翁長知事は、二〇一五年九月、スイス・ジュネーブで開かれた国連人権理事会総会で演説を行った。

〈「戦後70年間、いまだに米軍基地から派生する事件・事故や環境問題が県民生活に大きな影響を与えている」と強調した。その上で「沖縄の人々は自己決定権や人権をないがしろにされている」と訴えた〉

（琉球新報電子版、二〇一五年九月二十二日）

国際会議の場で、翁長知事は「自己決定権」という言葉を用いた。日本の一地方自治体の首長、たとえば山口県知事がこうした言葉を使うだろうか。

それだけにこの言葉が持つ意味は重い。現在、沖縄の人々は、ネーション（文化的、歴史的共通意識にとどまらず政治意識を持った共同体）を形成する過程にあり、沖縄人というネーション的同一性はほぼ完成している段階にあることを意味している。

沖縄県の人口は約百四十万人と、まとまりやすい条件は揃っていた。

ここで、イギリスの社会学者アーネスト・ゲルナーによるナショナリズムの定義を参照したい。

〈（ナショナリズムとは）政治的な単位と民族的な単位が一致しなければならないと主張する一つの政治的原理である。

感情としての、あるいは運動としてのナショナリズムは、この原理によって最も適切に定義することができる。ナショナリズムの感情とは、この原理を侵害されることによって呼び起こされる怒りの気持ち〉

（アーネスト・ゲルナー『民族とナショナリズム』丸カッコは引用者）

人為的に作られる軋轢

翁長氏が県知事選立候補に際して有権者にウチナーグチで呼びかけた「うしぇーらってぃならん」（なめられてはならない）は、感情や運動という意味で、ゲルナーの見解に符合する。翁長氏の情念への訴えに有権者が呼応する形になったのだ。

さらにネーション的同一性（政）と、琉球藩在勤の伊地知貞馨が侮蔑的に描いた「何分海中の孤島」「一小島を以自ら足れり」という沖縄の地理上の特質（地）は一致する。政と地がきれいに重なるのだ。地政学上のアドバンテージになる。

したがって、中央政府が辺野古新基地建設という「四回目の強制」を行えば、それほど時間をかけずに、ネーション＝ステート、つまり、沖縄、あるいは琉球という「国民国家」へと転化する可能性は十分ある。

中央政府が教科書問題、尖閣問題などを用いて、沖縄本島と八重山、さらには、八重山列島に属する諸島と沖縄との間に軋轢《あつれき》を作り出そうとしている。

国連人権理事会に出席する翁長知事に同行した八重山日報の記事が、産経新聞に掲載された。知事の演説に批判的な人のコメントを掲載し、記事全体が、翁長演説は国連の場にそぐわないというトーンに仕上げられている。これも、沖縄内部に軋轢を生もうとする一例だ。

しかし、それによって沖縄人のアイデンティティーが分裂し、下位の民族集団が形成される可能性はない。

太陽暦と近代国家

ロシアの地政学教科書が指摘するとおり、冷戦構造の崩壊によって、米ソというスーパーパワーが仕切る二極的な地政学的配置は終わりを迎えた。沖縄への在日米軍専用施設の集中は、すでに終焉した時代の地政学的要請に基づくものだった。基地をめぐる保革の対立もその枠組みの中でなされてきた。

いま、沖縄で展開されている基地反対の論理は、差別、文化、歴史に根ざした自己決定権の要求として語られており、これまでとは明らかに位相が異なっている。

こうした新しい語り口は地政学的な枠組みが変わったことを示唆している。この点について考えてみよう。経済分野に顕著だが、進展するグローバル化で説明ができると思う。

グローバル化は、ヒト・モノ・カネが世界各「地」を自由に往来する現在、地政学にとって欠かせない視点なのだ。

グローバル化と言っても、さまざまな段階があり、ほぼ全世界で採用されているグレゴリオ暦（太陽暦）もそうだ。日本の場合は、明治五年（一八七二）に導入した。近代国家の仲間入りのために必要だったのだ。

世界中が同じ刻みの時間で動くことによって、現在のような多国籍企業の活動が可能になる。本来、経済分野のものだったグローバル化とセットになる新自由主義的な競争原理が、人々の思考様式にも影響を及ぼす。

しかし、決して覆い尽くされるわけではない。非常に身近な話だが、太陰暦に基づく、二十四節気など暦の知恵を取り入れた暮らしを楽しむことが静かなブームになっている。昔ながらの生活様式に憧れる人は、有機農産物や自然に親しむことを通じて、エコロジーへの関心を高めてゆく。エコロジー運動は反グローバリズム運動の大きな潮流の一つだ。個々人と反グローバリズム運動が直接結びつくわけではないが、競争に勝つことを強いられる息苦しい世の中で、グローバル化に対する小さな抵抗だと言える。

これを時代区分で考えてみる。主要先進国（国民国家）が工業生産力を頼りに経済成長を前提にし、国民も「今日より明日のほうがいい」という価値観で暮らしていた時代をモダン（近代）だとすれば、例にあげたエコロジーに親和的な意識の動きは、プレモダン（前近代）的だ。ヒト・モノ・カネを自由に移動させる多国籍企業と金融業の活動が支配的なグローバル化が進展した現在は、ポストモダン（近代以後）だと言える。

「自壊を待つ」は時代遅れ

現在、沖縄をめぐって起きていることも、プレモダン、モダン、ポストモダン、それぞれの側面から説明ができる。

沖縄と中央政府の関係が緊張したままなのは、沖縄に暮らす沖縄人の意思に加えて、インターネットを介して全世界のウチナーンチュ（沖縄にルーツを持つ人）が瞬時に情報空間を共有し、同胞意識を強めているからだ。これはポストモダン的な要因だ。

翁長知事の「オール沖縄」体制で進められる政策の支柱「イデオロギーよりアイデンティティー」の背後には、琉球王国時代の記憶の甦《よみがえ》りがある。これはプレモダンな要因だ。

そして、自己決定権の希求はモダンな国民国家を志向しているものだ。

日本も国民国家である。中央政府には、同じモダンという論理でぶつかり合う部分しか見えない。

結局、中央政府は、モダンな文脈での地政学的思考しかできず、国家統合の危機にあることは認識できても、その背後にあるものが見えない。沖縄に対して当面の脅威である中国や紛争のリスクがある台湾海峡に近いという抑止力の維持という理屈を繰り返すか、内部分裂を仕掛けて自壊を待つという、時代遅れの旧来の手法にすがることになる。

一方、沖縄は、すでに枠組みが異なる発想で、新基地建設に反対しているから、中央政府の言い分を聞いても、話が通じない。大城さんではないが「ウレー　ヌーヤガ?」(なにそれ?)ということになる。

中央政府は、時代と価値観が織り込まれた三つの枠組みが交錯していることを認識して、地政学的に沖縄を捉え直さなければ、問題解決の糸口さえ見つけられないだろう。

第六章

国家統合と地政学 〜EU編〜

国家統合に揺らぐ英国

グローバリゼーションの進展の中で、その流れに乗るもの、じっと動かずにいるもの、あるいは抗《あらが》うもの——プレモダン、モダン、ポストモダン、三つの時代認識の枠組みは交錯し、互いに影響しあっている。

渦中にある当事者にその枠組みが認識できなければ、問題の所在が見えなくなる。第五章で明らかになったのは、そのために起きた国家統合の揺れだった。

統合の危機にあるのは、沖縄県と日本との関係だけではない。

冷戦構造の崩壊、地政学的に言えば、ワシントンとモスクワの差配で塗り分けされた二極的な国際社会の枠組みの終焉を受け、グローバリゼーションが一気に勢いづいた。この普遍化現象は、「世界をひとつの家」に変え、世界市民の誕生を促すものではなかった。逆説的だが、グローバル化が加速するにしたがって、国民国家が分裂する動きが活発になってきたのだ。その起動装置がナショナリズムだ。

第五章で紹介したアーネスト・ゲルナーは、ナショナリズムについて、定義になりそうな概念を候補に挙げては、次々に否定していき、それが虚偽意識であることを示してみせた。

それだけに、ナショナリズムは非常に厄介な代物《しろもの》だと言っていいだろう。

私が、したたかな国家運営で自らの帝国を軟着陸させ、生き残りを図ったと評した英国（詳しくは拙著『超したたか勉強術』参照）も、近年、国家統合の揺らぎに直面している。

英国の正式名称は、「グレートブリテン及び北アイルランド連合王国」（United Kingdom of Great Britain and Northern Ireland）だ。いま、国家統合の揺らぎの背後にナショナリズムがあると述べたが、英国の国名に、民族を意味する言葉はない。グレートブリテン人、北アイルランド人なる民族は存在しないのだ。

スコットランドとウェールズ

英国を構成する主要民族は、ゲルマン系のイングランド人（アングロ・サクソン人）、とケルト系のウェールズ人、スコットランド人、アイルランド人だ（少数民族、旧英国植民地出身の民族は除く）。

その意味で英国は、近代の国民国家の定義にうまく合致せず、国家の成立原理は独特だ。国王（現在は女王エリザベス二世）への忠誠を軸に、いくつかの地域が連合して国家を形成している。現在は、イングランド、スコットランド、ウェールズ、北アイルランドの四つの地域で構成されている。それぞれ独自の議会を持っているが、その権限は地域ごとに異なる。

たとえば、スコットランド議会は、外交、防衛、マクロ経済、社会保障など国政に関わってくる分野以外は、自由に法律を制定できる権限を持っている。

だが、ウェールズ議会にはそこまでの権限はない。基本的に、行政は各地方に分散し、政治――国民生活に大きく関わる課題や外交、防衛、社会保障、教育、環境などの課題は政党、国会議員が取り組んでいる。

戦争に対する姿勢

グローバル化との関係に話を戻そう。二十一世紀に入り、ロンドンの金融街シティーを中心に、英国はグローバリゼーションを牽引《けんいん》してきた。

その一方、大ブリテン島の北部に位置するスコットランドでは、二〇一四年九月十八日、イギリスからの独立の是非を問う住民投票が実施された。

僅差で独立賛成派が敗れ、連合王国への残留が決まった。

住民投票実施のきっかけは、二〇一一年のスコットランド議会選挙に遡る。この選挙ではスコットランド国民党（以下、国民党）が第一党になり、初めて過半数の議席を獲得した。このときの選挙公約が、英国からの独立の是非を問う住民投票の実施だったのだ。選挙の結果、国民党党首のアレックス・サモンド氏が、スコットランド首相に選出された。

国民党とは、どのような性格の政党なのか。オフィシャルサイトをのぞくと、「わが党の展望」として、「誰もが能力を発揮する機会を得られる活力のある国。希求するのは、誰もが落ちこぼれることのない公平な社会。そして、私たちの将来像として存在するのは、独立国としてのスコットランド。これ以上いいことはない」とある。

ここからわかるように、国民党が掲げる政策は社会民主主義的な色彩が濃い。そこに民族主義的な要素が並立している。

国民党は一九三四年、スコットランド民族党とスコットランド党の合同で誕生した。党内部で独立か地方分権かの路線対立を抱えてきたが、いずれにせよスコットランドの民族主義を強調している。

民族主義の重視がよくわかるのが、戦争に対する姿勢だ。

〈1942年に党首になるダグラス・ヤングは、スコットランドには戦争に関する決定をする政府がないのにもかかわらず、徴兵されて戦争に参加させられることに反対し、1960年から69年に党首になるドナルドソンは、平和主義の視点から徴兵反対を唱えた〉

（渡辺樹「スコットランド議会とスコットランド国民党」『レファレンス』二〇〇七年十月号）

渡辺氏は、両者に思想・信条の違いはあっても、民族主義とスコットランド独立への希求は共通していると指摘している。

彼らの民族主義の背後にあるのが、スコットランドの歴史だ。スコットランド王国の成立は九世紀頃とされている。十一世紀頃、スコットランドは南の隣国イングランド王国の侵入を受けて以来、イングランドとの抗争を繰り返してきた。十四世紀初頭に、スコットランドは失地を回復して王国として独立した。しかし、その後もイングランドとの抗争が起きている。

三百年後に現れた「負の記憶」

一六〇三年、イングランドのエリザベス一世が死去し、スコットランド王だったジェームズ六世に王位継承の要請があり、イングランド王に即位。スコットランド王家もイングランドに移った。十七世紀半ばから末にかけての、クロムウェルによるスコットランド征服、名誉革命を経て、一七〇七年、イングランド議会とスコットランド議会が統合された。

スコットランドは「イングランド及びウェールズ」に併合され、連合王国の一員となった。当然、この併合に反対する勢力もあり、名誉革命に対する反革命運動に乗じて、スコットランド独立を果たそうと蜂起したが、鎮圧されてしまった。

こうした「負の記憶」が三百年を経て、苦境に陥ったとき表に現れてくることがあるのは、第五章で検討した沖縄の例を見れば、十分にある話だ。

スコットランド独立を問う住民投票が実施された背景には何があったのか。

朝日新聞の社説は次のように見ている。

〈1970年代にスコットランド沖で北海油田の採掘が本格化するとともに、英政府に対して「利益が地元に十分還元されていない」との不満が強まった。鉄鋼や造船といった地元の主要産業が80年代のサッチャー政権下で冷遇され、独立への機運が高まった〉
（朝日新聞デジタル、二〇一四年九月十四日）

確かにスコットランドは、十九世紀末から「世界の工場」と呼ばれ、大英帝国の繁栄を支え、自身も栄えた時代があったのだ。

小さな島国がなぜ世界中に植民地を持てたか

大英帝国の繁栄と書いたが、なぜ、小さな島国がインド、アメリカ、オーストラリア、中東など、世界各地に植民地を持つことができたのか。

地政学の祖マッキンダーが指摘するとおり、英国は海洋国家、シーパワーの国である。英国以外にもヨーロッパには海洋国家があった。先行したのがポルトガルとスペイン、遅れてフランス、オランダだ。いずれも大航海時代の主役である。

スペインとポルトガルが位置するイベリア半島は、十二世紀の初頭、イスラム帝国の勢力下にあり、キリスト教国によるレコンキスタ（再征服活動）の最中だった。スペインより先にレコンキスタを完了させたポルトガル王国は、一四一五年、地中海と大西洋の出入り口にある要衝モロッコのセウタを制圧。海洋進出の足がかりを築いた。その後、ブラジルを植民地化し、マラッカ、ホルムズという海路の要衝を押さえ、日本にも渡航した。積極的な海外進出はやがて国力の限界を超え、十六世紀には衰退がはじまった。

スペイン王国は、一四九二年にレコンキスタを完了し、コロンブス、マゼランを輩出、北米、南米へ向かった。十六世紀中葉にはメキシコ、中米、南米の太平洋側を植民地支配し、大いに栄えた。ヨーロッパ大陸内部においても、ネーデルランド（オランダ）、南イタリアを属領としたが、大国であるがゆえに敵も多く、一五八八年、無敵艦隊がイギリス海軍に敗北、衰退がはじまった。ナポレオン戦争で政治体制が二転三転し、北米大陸ではアメリカに敗北。十九世紀末までには、植民地のほとんどを失った。

スペインの無敵艦隊を破り、一六〇〇年に東インド会社を設立し、十七世紀を迎えるまでにはインドの植民地支配を盤石《ばんじゃく》にした英国が、海洋の覇権を握ることができたのは、大ブリテン島のなかでも、イングランド人が住む南部の地形に起因するとマッキンダーは言う。

〈西と北を山岳によってかこまれ、また一連の肥沃な平野が、そこに横たわっている。そこには素朴な農民が住み、一人の王が居り、一つの議会があり、干満のある一つの川（テムズ川）があり、また中央市場と港湾の機能を兼ねた一つの大都市（ロンドン）があった。（中略）英国のシー・パワーの歴史的な根源はじつはここに求められる。その平野は肥沃なばかりではなく、同時に大陸からかけ離れていた〉

（『マッキンダーの地政学』丸カッコ内は引用者）

こうした地理的条件が、多くの人口を養うことを可能にした。テムズ川の水運がロンドンを貿易の中心地にした。南部の平野が育んだものが、スコットランドとの抗争においても有利に働いたのだ。スコットランドを併合する頃には、インドの植民地経営は順調に進み、莫大な富を蓄積していた。

一八〇五年、英国は、ナポレオンが皇帝となったフランスとスペインの連合艦隊を、トラファルガーの海戦で大敗させたことで、ナポレオンに大ブリテン島上陸を諦めさせた。

そして地中海のジブラルタル、マルタ島、そしてドイツ湾内のヘリゴランド島に基地を築き、ヨーロッパを囲い込んだ。

「それいらい大陸の海岸線が事実上英国の国境線」となった。大陸ヨーロッパ諸国はナポレオン戦争で疲弊し、英国のシーパワーに対抗できる国は現れなかった。向かうところ敵なしとばかりに、海洋に進出することが可能になったのだ。

一八六九年に地中海と紅海を結ぶスエズ運河が開通し、一八八四年から英国軍が運河の防衛の任にあたった。富は、ロンドンの金融街シティーに集中した。

「英国のインドにおける統治権は、むろん海上からの支援に依存していた。が、喜望峰からインドおよび豪州にいたるまでの海上には、通常一隻の英国の戦艦はおろか、一等巡洋艦の陰すらも見えなかった」と、マッキンダーは書く。

つまり、インド洋は英国が独占した内海になったということを意味している。

富をもたらす海洋の歴史

しかし、ユーラシア大陸内部ではロシアが鉄道網を整備し、ドイツは艦隊を強化した。これら後発帝国主義国は、中東を目指し、弱体化するオスマン帝国の解体をも促した。英国は自国の権益を守るため、そのシーパワーを地中海に振り向けねばならなくなった。

そのため、英国一国のシーパワーでインドや中国の権益を守り続けることが困難になり、極東の後発帝国主義国である日本のシーパワーと手を結ぶことになった。これが一九〇二年の日英同盟だ。

日本もユーラシア大陸内部からの膨張の阻止、つまり、ロシアがシベリア鉄道で軍隊を運び、満州を勢力下におき、さらに朝鮮半島へと向かう南下圧力に対抗する、という点で英国との利害が一致したのだ。

こうして英国のシーパワーによる覇権は、徐々に弱体化していった。

英国のシーパワーの歴史を概観すると、一七〇七年のスコットランド併合は、地政学的にはたどるべき運命だったのかもしれない。イングランドは、実り豊かな平野だけではなく、富をもたらしてくれる海洋へも開かれていたからだ。

実際に、両国議会の合同に抵抗するスコットランド側に対して、イングランド議会は、両国間の貿易停止と、イングランドにおいてスコットランド人を外国人と見なすという「外国人法」をちらつかせて恫喝《どうかつ》してきた。イングランドは経済封鎖のカードを切って、スコットランドに議会合同を受け入れさせたのだ。スコットランドには自立できるだけの経済力がなかったということを物語っている。

一つの島の「北」と「南」、地理的条件の違いが経済格差となったのだ。

スコットランド王国という国を失ったことでスコットランド人にどのような変化が起きたのか。英国経済史の研究者、高橋哲雄氏は次のように書く。

〈一七四五年の反乱の始末がほぼついた一七六〇年頃から、これまでにない「スコットランドらしさ」、あるいは「スコットランド人意識」ともいうべきものが誕生、あるいは再生する動きがかたちをとりはじめた〉（高橋哲雄『スコットランド 歴史を歩く』）

高橋氏はその意識を、その後のスコットランドにおける学芸の興隆を念頭に「政治的〈国家〉の消失と入れ替わりに文化的〈国民〉が誕生した」と表現している。

もちろん、その側面もあるだろうが、併合前のイングランドによる恫喝的交渉や鎮圧された抵抗運動もアイデンティティー形成の一要素になっているはずだ。

経済格差と民族問題

二〇一四年のスコットランド住民投票には、日本の主要紙も、中心都市エジンバラに記者を派遣した。その取材を通じての住民投票とその結果に対する見解は、先に見た朝日新聞の社説に代表されるように、地域格差の広がりに対する不満、いわば、地方経済活性化の要求というところで留《とど》まっている。

その見方では、独立を問う住民投票を「劇薬」代わりに使い、英国の中央政府の目を覚まさせるという意味合いしか持たなくなる。しかし、住民投票を公約した国民党の党是は、スコットランド独立である。

投票結果が僅差になったことについて、私は民族主義の要素が大きいと考える。日本の主要紙が民族主義について大きく触れないのは、日本人は大民族で比較的同質性が高いことにあると思う。そのため、少数民族の気持ちや論理、歴史に対する関心が薄い。暮らしに直結する経済格差という誰にもわかりやすい問題の陰で、民族という視点がかすんでしまったのではないだろうか。

その点、琉球新報の報道は、民族主義についての目配りがきいていた。調査のために現地を訪れている島袋純・琉球大学教授の話を紹介している。

〈一度統合された地域が主権を回復する権利があると自己決定権を主張し、その権利を平和的に獲得してきた先進事例だ〉

（琉球新報、二〇一四年九月二十日）

地政学による抵抗

民族という視点を見落としたのは、英国政府も同じかもしれない。英国残留を呼びかけるための「レゴブロック」を使ったキャンペーン内容にそれが窺える。

英国に残留した場合、スコットランドの住民は、独立するよりも年間約一四〇〇ポンド（約二十四万円）の経済的恩恵が得られるとして、十二例の使いみちの提案をレゴで表現した。

いくつか例を挙げれば、十日間の海外旅行に二人で出かけられ、日焼けクリームも買える（ビーチでくつろぐビキニ姿の女性がレゴで表現されていた）、エジンバラフェスティバルでホットドッグを二百八十個食べられる、エジンバラとグラスゴーをバスで百二十七回往復できる、などだ。

英国政府はユーモアのつもりでこのようなキャンペーンを行ったのだろうが、スコットランド人の中には、バカにされていると感じた人もいた。

住民投票を前に、自分のアイデンティティーについて改めて考えた人も多かったはずだ。当然、民族の歴史にも思いを馳せただろう。グローバル化というポストモダンな枠組みの中で、少数派が経済的弱者に転落すれば、かつて自分たちの先祖が自立し、自立を守るために戦っていた時代の枠組みの記憶を呼びさますものだ。

少数派が自らの過去に真剣に向き合う姿勢を多数派が揶揄《やゆ》したことで、ナショナリズムに火がついてしまったのだと思う。

もし、この住民投票で問われたことが、「独立か、残留か」ではなく、「スコットランド人には自己決定権があるか、ないか」という問いだったら、結果は変わっていたと思う。

あのときの選挙で独立の意思を示した人々は、自己決定権があると考えたのだろう。残留の意思を示した人は二つに分かれると思う。

一つは、自分はスコットランド人だが、それ以上に英国人だというアイデンティティーを確立している人――こうした人は、自己決定権はない、と考えるだろう。

一方、独立を志向しているが、経済や安全保障などの面で国家として機能するには時期尚早だと考えている人――この場合、自己決定権があると判断する人が多いと思われる。

独立の是非を問うた住民投票の結果に照らし合わせれば、スコットランド人は自己決定権を持つと考える人のほうが多いという結論を導き出すことができる。

ここからは、仮定の話になるが、スコットランド人は自己決定権をテコに、中央政府に対して、より高度な自治権を求めていくという選択肢が生まれてくる。ガス抜きの「アメ」として上から与えられる自治権ではなく、自分たちがより良く暮らしていくために必要な自治権を獲得する――これは国家がグローバル化というポストモダンな枠組みに合わせて展開する政策に抵抗する、少数者の地政学の要素を活用した抗い方になるのではないだろうか。

英国のEU離脱問題

国内に離脱問題を抱えている英国には、もうひとつ問題がある。それは欧州連合（EU）離脱問題だ。

EUの前身は、一九五一年に創設された欧州石炭鉄鋼共同体（ECSC）だ。この組織は、フランスと西ドイツ（当時）の間で二度と戦争を起こさないという共通認識のもとに設立された。

この組織には、ドイツ、フランスのほか、イタリア、オランダ、ベルギー、ルクセンブルクが参加した。一九五七年にはECSC加盟六カ国が経済統合を目指す機関として欧州経済共同体（EEC）、原子力の共同開発を目的とする欧州原子力共同体（EURATO

M）を設立。この動きが、西ヨーロッパ全域の統合機運を高め、六七年、ECSC、EEC、EURATOMそれぞれの運営機関を統合することに合意する条約がブリュッセル（ベルギー）で調印され、欧州共同体（EC）が誕生した。

英国は一九七三年にECに加盟したが、その時点から、英国はヨーロッパ大陸諸国とは別の選択をすべきだという加盟反対論が強かった。

大英帝国時代、ヨーロッパ大陸に関与しなかった「光栄ある孤立」を髣髴《ほうふつ》させる考え方だ。一九七五年、労働党のウィルソン政権がEC加盟の是非を問う国民投票を実施し、加盟継続が決まった。

一九九二年、EU創設を定めるマーストリヒト条約が調印され、単一通貨（後のユーロ）の使用が決まった。

しかし、英国は単一通貨を使用せず、独自通貨ポンドの使用継続を選択した。EU加盟国と言っても、英国は今日まで、ヨーロッパ大陸の加盟国とは異なる道を歩んでいる。

現在も、EUに対する懐疑を抱いている勢力を無視することはできない。英国のキャメロン首相は、二〇一六年二月に開かれたEU首脳会議で、EU改革案を申し入れ、大筋で受け入れられた。その主な合意内容は次の通りだ。

〈・ユーロ非加盟国は、ユーロ圏の財政安定の緊急措置で財政負担を負わない
・中小企業向けの規制緩和を進め、競争力向上の政策を点検する
・英国はEUの政治的統合の深化に関わらない
・加盟国議会の55％の反対でEU法案を阻止可能に
・EU域内の移民労働者の社会保障給付を最大4年間制限することを7年間認める
・英国が国民投票でEU離脱を選んだ場合、合意内容は無効に〉
（朝日新聞、二〇一六年二月二十一日）

EUの本質と二つの疑問

この合意内容でとくに注目したい項目が二点ある。まず「ユーロ非加盟国は、ユーロ圏の財政安定の緊急措置で財政負担を負わない」という点だ。英国は、懸念されているギリシャやポルトガルなどの財政危機の影響から少なくとも金銭的負担を免れることができる。もちろん、グローバル化した金融市場はダメージを被るだろうから、金融街シティーは影響からは免れ得ない。

二点目は、「英国はＥＵの政治的統合の深化に関わらない」という点だ。つまり英国は、自国の内政、外交的選択をＥＵの意思に左右されずに済む。

さらに、この合意内容から、二つの疑問が湧いてくる。

まず、ＥＵはなぜ、英国の改革案をほぼ丸呑みしたのかという疑問だ。ＥＵの本質は、ＥＣＳＣ発足時点から明らかなように、ドイツとフランスを枢軸としたヨーロッパ帝国の形成にある。英国はこの枢軸から距離をおき続けてきた。それでも英国がＥＵから離脱すれば、強力な遠心力が働き、ＥＵの弱体化を招く。ロシアやアメリカに対抗できるだけの力を持つヨーロッパ帝国の崩壊につながる。

ＥＵ指導部にあるこの恐れが、英国に対する大幅な譲歩という結果になったのだ。

次に、英国のキャメロン首相はなぜ、離脱の理由がなくなるほどの改革案を勝ち取ろうとしたのか。

帰国したキャメロン首相は、「私は英国がＥＵの中で『特別な地位』を得られるよう交渉してきた」とツイッターに投稿し、続く記者会見で、「全身全霊で残留へと世論を説得したい」と語り、ＥＵ首脳会議の成果をアピールした。

一方の離脱派も、ロンドン中心部で大規模な集会を開き、英国独立党の党首ファラージ氏が「ＥＵは燃えさかるビルだ。いっしょに出よう」と呼びかけると、集まった人々から大きな拍手が起きたという。

英国と「ドイツ圏≒ＥＵ」との関係について、フランスの歴史人口学者エマニュエル・トッドがインタビューに応じ、興味深いコメントをしている。

〈彼ら（英国人）はある種のフランス人たちと違い、ドイツ人に従う習慣を持っていないのだ。それだけでなく彼らはドイツ的ヨーロッパよりはるかにエキサイティングで、老齢化の程度もより低く、より権威主義的ではないもう一つ別の世界である「英語圏」、つまりアメリカやカナダや旧イギリス植民地に属している。

私はある折に、彼らのジレンマに共感すると述べた。貿易上は格別に重要であるが、メンタル的にはどうしても和解できないタイプのヨーロッパを前にして、イギリス人であることはどれほど居心地の悪いものであるかを語ったのだ〉

（エマニュエル・トッド『「ドイツ帝国」が世界を破滅させる』）

インタビュアーはさらに、英国はいつかＥＵから去ると思うかとトッドに尋ねた。

〈もちろん！　イギリス人はより強いわけでも、より優れているわけでもない。けれども、彼らは背後にアメリカ合衆国を持っている。

早い話、自分のことを言わせてもらえば、自分（トッド）の属するネイションの自律性の消滅に直面している一フランス人として、もしドイツの覇権かアメリカの覇権か、どちらかを選べといわれたら、私は躊躇なくアメリカの覇権を選ぶよ。私にしてそうなのだから、イギリス人の場合、どっちを選ぶかなんてわかりきっている〉

（同前、丸カッコは引用者）


ドーバー海峡を挟んだヨーロッパ大陸よりも、大西洋を隔てたアメリカの方が大事だということだ。日本の諺《ことわざ》とは逆で、近くの他人よりも遠くの親戚、ということだろう。

ヨーロッパという地域内で進められる「普遍化」、トッドに言わせれば「ドイツ化」の阻害要因がイギリスであり、その原因はモダンとプレモダンそれぞれの枠組みにおける不信感に彩られた両国の関係に根ざしているのだ。

それでも、キャメロン首相は、英国をＥＵに残留させたいようだ。

そこには何があるのだろうか。

島国に揺さぶられるヨーロッパ大陸

キャメロン首相には、EU離脱問題とスコットランド分離独立の動きが密接に関係するものとして映っていると思う。

二〇一五年五月の英国総選挙で、スコットランドに割り当てられている五十九議席のうち、五十六議席を、スコットランド国民党が占めた。一四年のスコットランド独立を問う住民投票では、残留を選んだ人が独立を支持した人を上回ったが、国政選挙の結果を見ると、近未来に住民投票が行われたとしたら、独立支持が過半数を占める可能性が十分に考えられる。

独立を宣言したスコットランド共和国は、EUへの加盟申請を行うだろう。なぜなら、スコットランドが独立する場合、決定的に重要なのが通貨問題だからだ。ポンドを継続して使うことは、英国に経済的に従属する結果をもたらす関係上、無理だろう。

かといってスコットランド独自の通貨を発行しても国際的な信用が得られない。EUに加盟してユーロを使うことが最も現実的だ。EUへの新規加盟は、加盟国の一カ国でも反対すれば実現しない。加盟各国が拒否権を持っているからだ。

英国がEUに残っていればスコットランドの加盟申請を拒否できる。しかし、英国がEUから離脱すれば、スコットランドのEU加盟を阻止する手段がなくなってしまう。スコットランドの独立を避けるためにも英国はEUに残らなければならないのだ。

英国の統合を大ブリテン島内の北部地域が揺らし、ヨーロッパ大陸の統合をドーバー海峡の向こうに浮かぶ島が揺らす。

それぞれの動揺の背後にある時代認識の枠組みが異なっていることがわかれば、三者が互いに作用しあう様子が見えてくるのだ。

第七章

中国の海洋進出が止まる日

「第二イスラム国」の誕生

海洋進出への野心を隠さない中国——政治家もメディアもそう口を揃える。

たとえば、ティモシー・キーティング前米太平洋軍司令官は米国議会で、二〇〇七年に訪中した際、中国軍幹部から将来、ハワイから西の太平洋を中国が管理し、東をアメリカが管理しようとの提案があったことを証言した。一二年には、ヒラリー・クリントン米国務長官が講演で、中国高官からハワイの領有権を主張することもできるという発言があったことを明かした。

日本との関係においても、南西諸島海域での中国海軍潜水艦の航行が活発化して久しい。しかもその活動は年を追うごとに大胆になっている。尖閣諸島をめぐっては、日本政府は中国との間に領土問題は存在しないという立場をとってきた。

しかし、中国は尖閣諸島に自国の船舶や航空機を接近させ、両国間の緊張を高めることによって、国際社会に対し、日中間に尖閣諸島の帰属という「領土問題」が存在することを認知させようとしている。

近年では、南沙《なんさ》諸島の領有権をめぐってのフィリピンやベトナムなどとの対立、さらに中国は岩礁を埋め立てて軍事基地を建設したため、海洋の自由を主張するアメリカとの緊張も高まっている。西沙諸島の永興島《えいこう》への地対空ミサイル配備など、中国の海洋進出の例は枚挙にいとまがないくらいだ。

しかし、近未来において、中国の海洋への膨張が止まる日が訪れるかもしれない。中央アジアと中国・新疆《しんきょう》ウイグル自治区をまたぐ形で、「第二イスラム国」が誕生したときが、その日だ。

新疆ウイグル自治区には、トルコ系遊牧民でイスラム教を信仰するウイグル族が暮らす。中国政府の抑圧的な統治に対する不満がくすぶり続けていて、「第二イスラム国」が誕生すれば、その武力と人的ネットワークを背景に、自治区の各地で暴動やテロが頻発するだろう。

もともと治安に潜在的な不安を抱えている新疆ウイグル自治区の情勢が一気に流動化するのは自明の理だ。周縁部の動揺だとはいえ政権中枢が揺るぎかねない。「第二イスラム国」の活動を武力で押さえ込むことが最優先になる。

そのために海洋進出に注力し続けることが困難になるだろう。

「権力は空白を嫌う」

私は二〇一五年半ばから、「第二イスラム国」誕生の可能性を指摘してきた。それは次のようなシナリオで成立する。

まず簡単に、「第二イスラム国」誕生の見取り図を示しておこう。

中国・新疆ウイグル自治区が国境を接している国に、かつてソビエト連邦を構成していた中央アジアのタジキスタン、キルギスがある。両国では、イスラム教スンナ派が圧倒的多数を占めている。また、両国の隣国ウズベキスタンの主流宗教もイスラム教スンナ派だ。イラク、シリアの国境をまたぐ地域を実効支配する「イスラム国」（IS）はイスラム教スンナ派過激組織であり、宗教的に共通性がある。

二〇一五年夏に、ウズベキスタンのイスラム教過激組織「イスラム運動ウズベキスタン」（IMU）が、IS本部に忠誠を誓い、中央アジアにISの拠点を築くことを求める動画を公開した。

ISには、タジキスタンから約三百人、キルギスから約三百五十人、ウズベキスタンから数百人が参加していると推定されている（ロシア連邦保安局や各国情報機関による）。この数字は、各国情報機関が把握できている範囲であり、実際の参加者は数千人にのぼるという説もある。

こうした中央アジアからのＩＳ参加者が、シリアやイラクで戦闘員として実戦経験を積み、帰国して現地過激組織に参加、あるいは指導的立場に立つとすれば、ＩＳの「中央アジア支部」設立は難しい話ではない。

ウズベキスタン、タジキスタン、キルギスの三国の国境地帯に広がるフェルガナ盆地では、多くの民族が共生していたが、旧ソ連により、複雑な国境線が引かれ、当事国間の紛争を誘発する火種が絶えない。

言い方を変えれば、フェルガナ盆地は権力の空白地帯だ。「権力は真空を嫌う」の言葉にならえば、どの主権国家も優位性を保つことができない地域において、国家に対抗できる武力をもつ組織が支配的地位に立ち、その空白を埋めることが可能だ。

つまり、ＩＳが、シリアやイラクの権力の空白地帯を実効支配できたように、中央アジアのＩＳに共鳴、あるいはＩＳと一体化した過激組織がフェルガナ盆地に拠点を置き、力を蓄えることは十分に考えられる。

これが「第二イスラム国」誕生の筋書きだ。

タジキスタンとキルギスは、近年、経済成長をしているとはいえ、GDP（国内総生産）、GNI（国民総所得）で見れば、最貧国に分類される。両国とも政治・経済的な破綻国家と言って差し支えない。

「第二イスラム国」が、両国のイスラム教徒の貧困層に浸透すれば、両国の治安は一気に流動化するだろうし、最悪の場合、国家を乗っ取られることもあり得る。

中国からのIS参加者

「第二イスラム国」がタジキスタンとキルギスを「支配」すれば、隣の新疆ウイグル自治区が動揺するだろう。

この地域は、一九四九年に中国人民解放軍が進駐、五五年に新疆ウイグル自治区が設置された。

住民は、イスラム教を信仰するトルコ系遊牧民のウイグル族が多数を占めていたが、共産党政権の主導で漢族の入植・移住が進められ、現在は人口の四六％がウイグル族、四〇％が漢族だ。この人口比率には、駐留する軍人が含まれておらず、軍人の人口を加えると、漢族がウイグル族を上回ると推定されている。

ウイグル族は、漢族からの政治的圧迫、漢族との経済格差などに不満を募らせ、集会やデモを行い、治安部隊や漢族との間で衝突を繰り返してきた。

一九八〇年代末から萌芽を見せはじめたソ連崩壊の過程で、近隣の中央アジア諸国が次々と独立していった。その動きに触発されたウイグル族の中にも独立の機運が高まった。中国からの独立と東トルキスタン建国を掲げる「東トルキスタン・イスラム運動」（ETIM）という武装組織も新疆ウイグル自治区に拠点を置いて活動しており、前述した「イスラム運動ウズベキスタン」やイスラム教過激組織との関係が指摘されている。

事実、中国からのISへの参加者が存在する。

〈過激派組織「イスラム国」（IS）に加わるため、違法にシリアに入ろうとしてトルコ国内で拘束された外国人は、今年1月から12月までで計913人に達した。最多は中国人の324人。次いでロシア人99人、パレスチナ人83人、トルクメニスタン人63人だった。トルコのドアン通信などが11日報じた。

中国人が最も多かった背景には、東南アジアからトルコを経由してISに加わろうとする、中国の新疆ウイグル自治区出身者の存在があるとみられる〉

（朝日新聞デジタル、二〇一五年十二月十二日）

ここで注目したいのは、新疆ウイグル自治区出身者の存在だ。一般的にはウイグル族は中国の治安当局から厳しい弾圧を受けていると受け止められているが、三百人以上が中国から出国できたわけだから、新疆ウイグル自治区内の組織とISとの間に人や情報が行き交うルートが確立されていると考えて差し支えないだろう。

少なくとも、「第二イスラム国」が隣国で誕生して勢力を伸長させれば、ウイグル族の中に呼応する土壌は整いつつあると考えていい。

山岳地帯という地の利

新疆ウイグル自治区は、タジキスタン、キルギスだけではなくアフガニスタン、パキスタンなどの政情不安定でイスラム教過激組織が活動している国々と国境を接している。地形面から見れば、それらの国々とはほとんどが山岳地帯で画されている。

国家が擁する軍隊に比較すると、規模が小さい武装組織にとって、山岳は強い味方だ。9・11の後、米軍がいくら最新兵器で空爆しても、山岳地帯に逃げ込んだアルカイダを掃討しきれなかったこと、あるいは、ロシアにおけるチェチェン紛争でやはり山岳地帯に退《ひ》いた武装勢力をロシア軍が殲滅できなかったことが、それを証明している。

地の利と、情報ネットワークを駆使することで、必ずしも「場」がなくても、組織は生き残り、ときに増殖することができる。

「第二イスラム国」が誕生するとすれば、地の利とネットワークを大いに利用することだろう。

新疆ウイグル自治区で、「第二イスラム国」の戦闘員が漢族や治安機関、公共施設を狙ったテロを頻発させ、山岳地帯に引く。本拠地は山岳地帯の向こう、タジキスタンあるいはキルギスにあるから、武器の補給、戦闘員の補充には困らない。

新疆ウイグル自治区の情勢が流動化すれば、中国共産党政府が強権的な統治姿勢をとり続けているチベット自治区の情勢も流動化する危険性が出てくるだろう。

中国軍とチベット動乱

チベット自治区の情勢を簡単に見ておこう。

一九五一年に中国人民解放軍が中心都市ラサを占領し、チベット仏教に対する弾圧を強めていくのに伴い、チベット人の反発も激しくなった。五六年から六〇年代前半にかけての中国軍の弾圧とチベット民衆の独立運動はチベット動乱と呼ばれ、おびただしい数の犠牲者を出した。

動乱の最中の五九年、チベット仏教の最高指導者ダライ・ラマ十四世はインドに亡命、六五年、チベット自治区が設置された。

中国政府支配に対するチベット族の異議申し立ては止むことがなく、一九八九年、二〇〇八年には大規模デモを起こしたが、武力鎮圧されてしまった。また、これまでに百人以上の抗議の焼身自殺者が出ている。中国のチベット政策は、国際社会から深刻な人権侵害だとして非難の対象になっている。

中国は海洋膨張を続けられるか

中国政府はしばしば、「核心的利益（核心利益）」という言葉を用いる。これは、中国の政治体制維持、経済発展、社会的安定、また安全保障のために決して他国に譲れない利益のことを指す。

それが、新疆ウイグル自治区やチベット自治区、台湾である。近年は南シナ海——周辺諸国との対立を招いている南沙諸島も含まれる――も、中国の核心的利益だ。尖閣諸島も、中国外務省により、領土と主権の問題なので核心的利益だという主旨の発言がなされた。

中国の積極的な海洋進出、つまり南シナ海における核心的利益確保の動きは、近年の大幅な経済成長によって、二〇一五年まで五年連続で二桁増加した国防費の充実によるところが大きい。

同時に見落としてはならないのは、中国政府が、陸上の核心的利益である新疆ウイグル自治区、チベット自治区における反政府活動を押さえ込めていると確信しているから、海洋進出に注力できているという点だ。

しかし、ここまで述べてきたように、「第二イスラム国」が誕生したとすれば、新疆ウイグル自治区で分離独立運動が激化し、それに刺激されて、チベット自治区でも同様の動きが起こることは十分に考えられる。

相当の軍事力を振り向けなければ鎮圧できないだろうが、「第二イスラム国」がゲリラ戦を展開すれば、事態は長引くか、膠着《こうちゃく》状態に陥るだろう。中国が対応を誤れば、「第二イスラム国」に、新疆ウイグル自治区内で実効支配地域を作ることを許してしまうかもしれない。

事態が深刻化すれば、中国共産党指導部の権威・権力が揺らぎ、国家統合の危機が生じる。

仮にこのような状態になった場合、中国は海洋への膨張を続けることができるだろうか。南シナ海において、中国が強引に現状変更を図ろうとしなければ、南沙諸島をめぐる今日の軍事的緊張は起こらなかった。中国海軍が南シナ海から引き揚げても、周辺諸国はそれぞれ領有権を主張しているから、にらみ合いを続けたまま現状維持が続くだろうし、それらの国が、中国に戦争を仕掛けてくる可能性はないだろう。

中国の海洋進出はこうして止まる。

ランドパワーとシーパワー

ここまでのシナリオは、中国の地理的条件をベースに、近年の中国の軍事、経済動向、新疆ウイグル自治区の治安状況、ISの分散、ネットワーク型の活動を踏まえて組み立てた。使った道具は、地政学の基本的な考え方だということがわかると思う。

最後に改めて地政学について整理してみよう。地政学の最も素直な解釈は「国家や民族の特質を地理・空間的条件から説明しようとする学問」だろう。しかし、この解釈では中国の海洋進出が止まるという仮説を組み立てることはできない。

百科事典による地政学の解説はどうだろう。

〈政治地理学が世界の政治現象を静態的に研究するのに対し、地政学はこれを動態的に把握し、権力政治の観点にたって、その理論を国家の安全保障および外交政策と結び付ける〉

（『日本大百科全書15』）

こうなると、地政学の「地」はどこへ行った？　と思ってしまう。

地政学はかなり解釈の幅のある、あるいは、人間活動のあらゆる分野が考察対象になる学問だと思っておけばいいだろう。

それでも地政学の出発点を押さえておくことは重要だ。第一章で述べたように、現代地政学の祖と言われる英国の地理学者、H・J・マッキンダーの著書『デモクラシーの理想と現実』（邦訳は『マッキンダーの地政学』）でマッキンダーは「我々の記録に残る人類の歴史がはじまってから、これでほぼ数千年になる。が、この間に、地球上の重要な地形はほとんど変化していない」という前提に立ち、人間の行動はほとんど変化しない地理的制約を受けていて、概《おおむ》ね、人類の歴史はランドパワー（陸上勢力）とシーパワー（海洋勢力）の闘争の歴史だったと述べている。

『デモクラシーの理想と現実』が刊行されたのは、第一次世界大戦後の一九一九年のことだ。

島国イギリスが自国の外に富を求めるならば、海洋進出は必然的なことだった。世界各地に植民地を持つ大英帝国は、シーパワーの極点とも言えた。

一方、後発の帝国主義国であり典型的なランドパワーであるドイツの植民地の要求とユーラシア大陸の内部へとつながる東欧や、石油資源を求めての中東への勢力伸長は、イギリスとの利害衝突を招いた。

第一次世界大戦でイギリスは、ドイツというランドパワーを敗北させることに成功したが、ドイツが敗戦の痛手から立ち直り、バルト海から地中海に至るまでの陸地をわがものとすることで、海洋においても覇権的地位を築こうとし、さらにユーラシア大陸内部にまで支配地域を広げることを警戒した。

マッキンダーが構想したのは、第一次世界大戦後の世界の平和、とりわけ英国の利益をいかに担保するか、という視点に基づいた安全保障論だったと言える。

マッキンダーの古典に加えるもの

こうしたマッキンダーの視点から中国について考えてみよう。

中国は十四の国と陸上で国境を接している。漢族が人口の大多数を占めると言っても、歴史的には異民族による征服王朝が複数成立し、また逆に、王朝の安全保障のために、大陸の北方、西方、南方の異民族の征服を繰り返してきた。その意味では、中国は、基本的にランドパワーだと言える。

したがって、新疆ウイグル自治区で「第二イスラム国」あるいは「第二イスラム国」と一体化した武装勢力が蜂起すれば、中国は海洋進出を切り捨ててでも、大陸における安全保障を優先させるだろうと考えられる。

このシナリオは地政学的思考の骨格がわかりやすいように、マッキンダーの古典的ともいえる考え方にのっとったものだが、現代において考慮に入れるべき要素は、本来もっと多い。

武器も通信手段も移動手段も経済のシステムもマッキンダーの時代よりも遥かに発達し、複雑になっているのはこれまで見てきたとおりだ。

第二次世界大戦後の冷戦構造が崩壊し、世界を二分するイデオロギーもなくなった。民主主義の勝利により、これ以上の政治制度は生まれないという意味での「歴史の終わり」(フランシス・フクヤマ)はやって来ることはなかった。世界はグローバル化が進んで閉じていく一方、価値観の分化、分裂も進んでいる。極めて複雑だ。

地政学という方程式があるとしたら、解を導くために立てる式は、いくつもの変数が必要で、複雑なものになるだろう。

ハリモフ大佐の動向

中国の海洋進出が止まるというシナリオは、「第二イスラム国」誕生という条件があってのことだが、ISはあくまでも中東の地域的な武装集団であり、彼らの信仰がイスラム教だというに過ぎない。したがって、中央アジアに「第二イスラム国」ができるなんて絵空事なのではないか、と感じる読者もいるかもしれない。

地政学的に物事を考える際に、考慮すべき変数が増えたと述べたが、なぜ、ISが中東以外の地域に誕生する可能性があると考えられるのか。それが式に加えなければならない変数に該当する。

例題として解いてみよう。

二〇一五年五月末、日本の全国紙や米ニュース専門放送局CNNが、タジキスタン内務省特殊部隊指揮官（治安警察大佐）だったグルムロド・ハリモフの動向を伝えた。

タジキスタンは、東側の国境を中国・新疆ウイグル自治区と接する共和国だ。ソビエト連邦を構成していた共和国の一つだったが、ソ連崩壊過程で独立を宣言。その後約五年間の内戦を経験している。

余談だが、私はハリモフ大佐のことを知っている。一九九九年、タジキスタンの隣国、キルギスで、国際協力事業団（JICA、現・国際協力機構）から派遣された日本人鉱山技師らが武装勢力に拉致される事件があった。

当時、外務省国際情報局分析第一課に在籍していた私は、事件解決に向けての情報収集・分析に一部関与した。そのときにハリモフ大佐を知った。当時大佐は、ミルゾー・ジヤエフという非常事態大臣の部下で、使い走りのような仕事をしていたことを覚えている。

報道によると、そのハリモフ大佐が、インターネットに投稿された動画でISへの参加を表明したという。ハリモフ大佐は、米国務省が企画した危機対応、特殊作戦の戦術管理や戦術指導者訓練を受けたという。

訓練は、米国やタジキスタン国内で行われた。動画の中でハリモフ大佐は米国内で「イスラム教徒を殺害するために兵士たちを訓練しているところを見た」と述べており、ＩＳ参加のきっかけになったと見られている。

タジキスタンの民族構成は、タジク系が約八四・三％を占め、イスラム教スンナ派が最も優勢だ。

動画の中で、ハリモフ大佐は「タジキスタンではイスラム教徒の人権が侵害されている」と前置きし、「われわれはタジキスタンに戻り、シャリーア（イスラム法）に基づく国をつくる」と宣言している。

朝日新聞が伝えた、ハリモフ大佐の言葉が多くの示唆を与えてくれる。

〈タジキスタンのためには死ねないが、ＩＳのためなら死ねる〉

（朝日新聞デジタル、二〇一五年五月二十九日）

カリフ国家と国民国家

「タジキスタンのためには死ねない」というのは、ハリモフ大佐の行動が、ナショナリズムに基づくものではないことを意味している。そして後段の「ＩＳのためなら死ねる」というのは、ハリモフ大佐がＩＳのあり方にイスラム教スンナ派にとっての普遍的な価値を見いだしたことを暗示していると私は思う。

イスラム国は、世界革命を目的とした武装集団であり、自らの存在意義をその点に見いだしている。私はそのように考えている。

二〇一五年一月、フリージャーナリストの後藤健二さんが、ＩＳによって殺害された時の声明を改めて読んでみよう。

〈日本政府よ。

邪悪な有志連合を構成する愚かな同盟諸国のように、お前たちはまだ、我々がアラーの加護により、権威と力を持ったカリフ国家であることを理解していない。軍すべてがお前たちの血に飢えている。

安倍（首相）よ、勝ち目のない戦争に参加するという無謀な決断によって、このナイフは健二だけを殺害するのではなく、お前の国民はどこにいたとしても、殺されることになる。日本にとっての悪夢を始めよう〉

（朝日新聞、二〇一五年二月二日）

日本および、日本人がＩＳの攻撃対象とされたことも重大だが、この小論の文脈で重視すべきは、「我々がアラーの加護により、権威と力を持ったカリフ国家であることを理解していない」という一節だ。

カリフ国家とは、第二章で述べたように、イスラム共同体の最高指導者を戴く国家である。国家の統治原理は、「アラーの加護」、つまり、彼らが信仰する一つの神＝アッラーと、それに対応する一つの地上の法＝イスラム法である。

カリフは全イスラム教徒の最高指導者であるから、国民国家の枠を超越した存在だ。理論的には、世界中のイスラム教徒がＩＳの民とならなければならない。

しかし、世界中のイスラム教徒が国民国家の軛《くびき》のために、ＩＳのもとに集まることを妨げられている。カリフ国家の実現を邪魔する国民国家を打倒しようと考えるのは、彼らにとっては当然の帰結だ。

ハリモフ大佐が動画で「われわれはタジキスタンに戻り、シャリーア（イスラム法）に基づく国をつくる」と述べているのは、ＩＳの目的を正確に理解しているからだ。

国民国家という制度は近現代の国際標準である。それを覆《くつがえ》す行為は、革命に他ならない。

ＩＳの側から見るならば、二〇一五年一月と十一月に起こったパリの連続テロ事件も、邦人人質事件も、二〇一六年三月のベルギー・ブリュッセルの連続テロ事件も、イスラム革命の一過程なのだ。

このように考えれば、世界革命運動が、イスラム教スンナ派住民が多数を占める中央アジアに波及してもなんの不思議もない。国民国家の支配力が脆弱な地域を「面」として支配する「第二イスラム国」が誕生することは現実性を帯びた考えだと思う。

中国・新疆ウイグル自治区では、ウイグル族は中国政府によって抑圧された存在だ。抑圧された同胞を解放することは、ＩＳにとっては正義である。

不安を内面化させる

ＩＳの行動原理は、かつて共産主義革命を指導したコミンテルン（共産主義インターナショナル・国際共産党）との類比で考えるとわかりやすいだろう。

一九一七年、ロシアで社会主義革命が成功した後、レーニンやトロツキーは全世界で革命を起こすために、一九一九年にコミンテルンを創設した。モスクワに本部を置き、世界各国に支部を設立した。日本共産党も当初は、国際共産党日本支部と名乗り、日本人民にではなく、コミンテルンに忠誠を誓っていた。つまり、コミンテルンは、ソ連を拠点国家にして、世界に革命を輸出していたのだ。社会主義者にとっての普遍的な価値を全世界に広めるための手段でもあったと言えるだろう。

ＩＳの運動は、構造的にコミンテルンと共通している。イラクとシリア国境にまたがる地域を実効支配し、拠点国家をつくる。世界各地から「革命戦士」が参集し、実戦経験を重ねながら理念を学ぶ。

そして出身地に戻り、既存の組織に革命を指導して強化する。あるいは革命組織を結成する。各地に人材が育てば、中東のＩＳに危険を冒して赴くことなく、ネットメディアにアップされた動画で、ＩＳ戦士として共有すべき価値観を学習したり、プロパガンダを拡散させたりすればいい。

同時に資金や武器などの物理的援助を受ければ、各国に根付いた「支部」は機能するだろう。革命の輸出と実行は可能なのだ。そのようなネットワークを構築することで、テロを実行しなくても、非イスラム教徒に不安を内面化させ、一人ひとりの不安が積み重なれば社会全体の不安へと転化する。

これが、例題の解だ。

「二極構造」後の世界

このように思考することは、ソ連を筆頭にした社会主義陣営と、アメリカを筆頭とした自由主義陣営という二極化した世界での対立が消えて四半世紀余り経過した現在では、難しいかもしれない。

日本では、その残滓《ざんし》として、現政権に批判的な者や、安保法制に反対する者に対して「サヨ（左翼）」、現政権を支持し、中国や韓国を蔑視する者に対して「ウヨ（右翼）」という、脊髄反射的なレッテル貼りが行われているのが、せいぜいのところなのだから。

本題に戻ろう。宗派、学派の別を無視すれば、全世界のイスラム教徒人口は、十五億七千万人だ。

大きなイデオロギーは消えたが、世界を二分した一方の極であった社会主義革命の構造は、自分たちが普遍的だと信じている価値を広めようとする勢力に受け継がれていることを見落としてはならないと思う。

二極構造の中で世界情勢を考えていた時代ならば、日本人は日米安保体制・民主主義・資本主義社会の下で、対抗価値である社会主義について思考し、自己規定することができた。

たとえれば、東西冷戦の時代には、二つの大きな物差しがあって、互いが互いを測ることで大きさをとりあえず認識できた。また、その物差しで測ることのできない存在に気づくこともできた。しかし、大きな物差しが消えたいま、まず、世界中にいくつもの小さな物差しがあることに気づくことからはじめなければならず、もしかしたら、刻まれた目盛りは万国共通のものではないかもしれない。

現在は、非常に複雑な思考が要求されていることがわかるだろう。

ソ連から中国へ

変数は他にもある。

「第二イスラム国」が誕生し、新疆ウイグル自治区が動揺して、中国の海洋進出が止まったとしても、それは一時的なものなのか、長引くものなのか。

そのときに考えるべきこと（変数）の一つは、中国と利害が対立する国が「第二イスラム国」に武器や資金を提供する可能性だ。

次のような類比は成立するだろうか。

ソビエトが一九七九年に、アフガニスタンに軍事介入した事例を考えてみる。七八年にアフガニスタンで共産主義政権が成立した。しかし、反政府武装勢力が蜂起し、追いつめられた政権はソ連に軍事介入を求め、七九年末、ソ連軍はアフガニスタンに介入する。武装勢力に対し、米ＣＩＡが大量の武器を極秘に支援。ソ連の軍事介入は泥沼化し、八九年に完全撤退した。

この事例にのっとれば、少数民族を弾圧して人権侵害を続け、また、経済、軍事両面で台頭してきた中国の力を削ぐ好機だとアメリカが捉える。アメリカは、「第二イスラム国」に対して極秘に武器や資金の支援をし、中国に対する抵抗を継続できるようにする。アフガニスタンにおけるソ連の役割を中国に演じさせるシナリオだ。

複数のシナリオ

一方で、十三億五千万の人口を擁する中国は、経済成長によって、消費意欲旺盛な中間層が増加している。「世界の工場」から「輸入大国」へと変貌しつつあり、その市場はアメリカにとって非常に魅力的だ。今や世界経済のメインプレイヤーでもある。新疆ウイグル自治区が内乱状態になったら、政権が動揺することも予想され、巨大な市場が縮小する可能性がある。世界経済の安定を考えれば、アメリカに限らず、「第二イスラム国」を支援しないほうが賢明な選択だ。

シナリオはこの二択だけではないが、どちらが正解だろうか。

現代の地政学の視点からは、どちらも正解ではない、というのが「正解」だ。どちらもあり得るし、あり得ないと考えるべきだろう。

地理的制約を超えて瞬時に情報や富が移動する世界では、あらかじめ立てていた式に、思いも寄らない変数を加えなければならないこともあるし、逆に式から変数が消えることもある。

二〇〇八年、瞬《また》く間に世界が金融危機に陥ったリーマン・ショックを思い出してほしい。同じようなことが起これば、国際社会は大混乱し、自国経済の保護が最優先事項になるだろうから、改めて式を立て直す必要も出てくる。

政治、経済、軍事、地理といった地政学の基本に加え、宗教、思想、社会心理学、IT技術、国家以外の組織——多国籍企業、影響力のあるNGO——の動向分析なども動員した学際的な思考に基づき、いくつものシナリオを用意して、事態の展開に応じて修正、選択していくのが、現代の地政学的思考ではないだろうか。

こうした複雑な地政学的思考を身につけることは、一歩先を行くビジネスパーソンにとって必須のことだと思う。

グローバル化が進展し、自国から遥かに離れた場所で起きた事件が、進行中の仕事に影響を及ぼすこともあるだろう。現代の地政学的思考が求めるように、複数のシナリオを用意しておけば、リスクを回避できる可能性が高くなる。

同時に、複数のシナリオを想定することは、物事を相対的に考えることになるから、自己中心的な思考の罠から逃れることもできる。相手の立場になって考えることは、時代が変わってもビジネスの基本中の基本であることは言うまでもない。

あとがき

本書を執筆するにあたって、私が最も参考にした資料は、モスクワ国立大学の地政学教科書だ。タイトルを記しておく。

ガジエフ（カマルジン・セラジュジノビッチ）『地政学　学部レベルの教科書』モスクワ、ユライト出版、二〇一四年（Гаджиев, Камалудин Сераждинович, ГЕОПОЛИТИКА: Учебник для академического бакалавриата, Москва, Юрайт, 2014）

ガジエフ氏は、一九四〇年三月生まれ（現在七十六歳）で、ロシアの地政学研究・教育の第一人者だ。北コーカサスのダゲスタン共和国出身で、医大を卒業した後、モスクワ国立大学歴史学科と大学院を卒業した。現在は、モスクワ国立大学政治学部教授とロシア科学アカデミー世界問題国際関係研究所の主任研究員をつとめている。

この教科書は、わずか百部しか刷られていない。モスクワ大学で、将来の高級官僚、国会議員、インテリジェンス・オフィサーになる学生を念頭に置いて教授する際の教科書だ。ロシアでは学部用（ちなみにロシアの大学は五年制で、モスクワ大学の場合、日本の大学院での修士論文に相当する論文を三本提出することが卒業条件になっている）であるが、日本では大学院修士課程のゼミで用いても、十分に消化できる院生は半分もいないと思う。

ガジエフ氏は、ロシア（ソ連）で地政学が見直されたのはゴルバチョフ時代だったと言う。

〈ソヴィエト時代には、地政学という概念自体が西側主要国の外交戦略あるいは非マルクス主義的観点の研究者が主張する国際関係理論として否定的に評価されていた。しかし、ペレストロイカ時代には独立した外交研究の分野としての地政学が自己の地位を確立し始めた。こうした国際政治の解釈における地政学的アプローチの発展に一定の影響を与えたのはゴルバチョフのいわゆる新政治思考とそれに基づくソ連の外交路線であった。（中略）ソ連の崩壊と共に地政学は、最終的に復活し、国際政治研究にしかるべき位置を占めるようになった〉（ガジエフ『地政学　学部レベルの教科書』三四～三五頁）

まえがきで紹介した、私が山内昌之氏とモスクワで意見交換をした時期に、まさにロシアの地政学が甦り始めていたのである。そして、ソ連崩壊後のロシアでは、地政学はエリートにとって必須の知識になった。プーチン大統領の外交戦略も、地政学に基づいているのだ。ガジエフ氏は、現代地政学の課題についてこう記す。

〈ここで重要な問題は、国際関係の空間的側面を専ら研究する学術分野としての伝統的な地政学概念から一線を画することだ。(中略) 20世紀後半の科学技術の進歩により社会の機能と発展における地理的要素自体が質的変容を迫られた。これにより、「空間」と「領土」の概念を同義語として使用することは正しくはなくなった。問題は現代世界においては、さまざまな形態の空間がリアルな意味を持っていることだ。物理的・地理的性質とはっきりと結びついた領土、領海、領空といった空間とともに、経済、文化・文明、情報、環境などの空間についても言及しなくてはならない〉(同前、四一頁)

私もガジエフ氏の指摘に全面的に賛成する。地政学は、単なる地理的決定論ではない。

地理的制約条件の上に経済、文化、文明、情報、環境などのさまざまな要因が変数となって、複雑な函数を形成しているのだ。山内氏は、「中東複合危機」という言葉で、現状を分析する。

〈パリの同時テロ（引用者註＊二〇一五年一月七日）が起きた時、ローマ教皇（法王）フランシスコが「世界はまとまりのない、第三次世界大戦に入っている」と言いましたが、まさしくシリアでは戦争が行われています。／ISのほうから見れば、欧米、ロシアが戦争を仕掛けている。パリで、あるいは北カフカース（コーカサス）のチェチェンで行われているのはテロと言われますが、ISからすれば紛れもない戦争です。／国家間による戦争をイメージしてはいけません。中東でいま進行しているのは、異なる種類の危機が同時に進行しているから分かりづらいのですが、いわば「中東複合危機」なのです〉（山内昌之、佐藤優『新・地政学』三六〜三七頁）

「中東複合危機」というのは、山内氏の造語だが、「複合危機」という概念は、中東だけでなく、他の地域情勢を分析する際にも有効な手段になる。世界複合危機を分析する上で、地政学はきわめて有益な道具になる。本書で私は、世界複合危機との文脈で日本が抱える大問題の分析と予測を試みた。

本書を上梓するにあたっては、朝日新聞出版の中島美奈さん、マガジンハウスの山田聡さんにたいへんにお世話になりました。どうもありがとうございます。

二〇一六年四月二十四日、曙橋（東京都新宿区）にて

佐藤　優

佐藤　優　さとう・まさる
作家、元外務省主任分析官。1960年生まれ。同志社大学大学院神学研究科修士課程修了。外務省入省。在ソ連邦日本国大使館勤務等を経て、対ロシア外交で活躍。2002年、背任と偽計業務妨害容疑で逮捕。09年、最高裁上告棄却。13年、執行猶予期間を満了し刑の言い渡しが効力を失う。著書に『創価学会と平和主義』『超したたか勉強術』『国家のエゴ』（いずれも朝日新書）ほか多数。

朝日新書
565

使《つか》える地政学《ちせいがく》

日本の大問題を読み解く

2016年5月30日第1刷発行

著　者　佐藤　優

発行者　首藤由之
カバーデザイン　アンスガー・フォルマー　田嶋佳子
印刷所　凸版印刷株式会社
発行所　朝日新聞出版
〒104-8011　東京都中央区築地5-3-2
電話　03-5541-8832（編集）
03-5540-7793（販売）

Published in Japan by Asahi Shimbun Publications Inc.
ISBN 978-4-02-273665-9
定価はカバーに表示してあります。

思い立ったが絶景
世界168名所を旅してわかったリアルベスト

吉田友和

「死ぬまでに行きたい」じゃもったいない！「読んで、実際に行ってみる」新しい絶景本。『3日もあれば海外旅行』（光文社新書）の著者が、働きながら低コストで絶景にいくためのヒントを提案。実際に行ったからこそわかる本当にいい絶景もあますところなく紹介。

隠れ貧困
中流以上でも破綻する危険な家計

荻原博子

実質収入は減り、物価や税負担は上がる一方。誰にもひとごとではない老後の貧困。収入がそこそこある人ほど出費も強いられ、リッチにみえて火の車ということも。老後どころか病気や子どもの教育への備えもあぶない「隠れ貧困」の実態と、実践的アドバイス。

大江戸御家相続
家を続けることはなぜ難しいか

山本博文

長男の資質に問題あり、子どもが生まれない、父親が家督を譲らない、正室vs.側室のバトル。とかく「家」を守り続けることは難しい。徳川治世260年、将軍家や大名家は、「御家断絶」の危機をいかに乗り越えたか？現代人にも身につまされるエピソード満載！

シニア左翼とは何か
反安保法制・反原発運動で出現――

小林哲夫

反安保法制、反原発……。国会前のデモなどで、若者以上に目立っているのが60、70代のシニア世代だ。若い頃、世の中に反旗を翻したものの、その後は体制に順応したはずの彼らは、なぜ再び闘っているのか。同窓会？再びの世直し？新集団をめぐる「人間ドラマ」を追った。

朝日新書

戦争交響楽
音楽家たちの第二次世界大戦

中川右介

カラヤン、フルトヴェングラー、トスカニーニ、ワルター……。ヒトラー政権誕生から終戦までに、著名音楽家たちはどう生きたのか。独裁体制から逃れるために亡命した人、ナチスの宣伝塔となった人……。約100人の音楽家たちが直面した苦難と歓喜。

日本の居酒屋——その県民性

太田和彦

居酒屋評論の第一人者・太田和彦30年の集大成。都道府県ごとに居酒屋の個性と魅力を分析し、客の酒の飲み方などに表れる県民性、各地の味覚、旅する理由を語る。のれんをくぐれば〝お国柄〟が見える。ここはうまし国ニッポン、さて次は、どこへ行こう。

夫に死んでほしい妻たち

小林美希

家事や育児において、妻の「してほしい」と夫の「しているつもり」の差は、想像よりもはるかに大きい。のみ込んだ怒りが頂点に達した妻の抱く、離婚よりも怖ろしい願望とは？　世の男性たちを戦慄させる、衝撃のルポルタージュ！

一流患者と三流患者
医者から最高の医療を引き出す心得

上野直人

今、病院では、医者から最善の医療を引き出せる一流患者と引き出せない三流患者という「患者格差」が⁉「米国№1」といわれるテキサス大学MDアンダーソンがんセンターに勤務し、自身もがんにかかった現役医師が教える、最高の医療を受けるための心得。